CB133860

Símbolos Nacionais

Luiz Gonzaga Bertelli

Coleção de Leis e Estatutos Brasileiros

GOVERNO DO ESTADO DE SÃO PAULO
RESPEITO POR VOCÊ

Governador	Geraldo Alckmin
Secretário-Chefe da Casa Civil	Arnaldo Madeira

imprensaoficial

Diretor-Presidente	Hubert Alquéres
Diretor Vice-Presidente	Luiz Carlos Frigerio
Diretor Industrial	Teiji Tomioka
Diretor Financeiro e Administrativo	Alexandre Alves Schneider
Núcleo de Projetos Institucionais	Vera Lucia Wey

Símbolos Nacionais

2ª edição

imprensaoficial

São Paulo, 2004

Dados Internacionais de Catalogação na Publicação (CIP)
(Câmara Brasileira do Livro, SP, Brasil)

Bertelli, Luiz Gonzaga
Símbolos nacionais/Luiz Gonzaga Bertelli. 2.ed. – São Paulo : Imprensa Oficial do Estado de São Paulo, 2004.
96 p.: il – (Coleção de leis e estatutos brasileiros)

ISBN 85-7060-293-6 (obra completa)
ISBN 85-7060-321-5

1. Símbolos nacionais – Leis e legislação – Brasil I. Título. II. Série.

04-8638 CDU-34:929.9(81)(094)

Índice para catálogo sistemático:
1. Símbolos Nacionais : Brasil : Leis : Direito
34:929.9(81)(094)

Conhecimento que leva à cidadania

A Imprensa Oficial do Estado de São Paulo está se distinguindo com um acervo editorial dos mais expressivos e bem-sucedidos, cobrindo áreas do conhecimento essenciais para a formação da cidadania.

Esse competente trabalho é realizado em consonância com a linha preconizada pela Casa Civil do Governo do Estado de São Paulo de fortalecer nossas relações com a população, oferecendo-lhe informação compreensível e de acesso fácil.

A *Coleção de Leis e Estatutos Brasileiros* demonstra a ousadia de uma empresa pública moderna, evoluída, experiente, com senso de responsabilidade social.

Arnaldo Madeira
Secretário-chefe da Casa Civil

Coleção republicana

A democracia pressupõe cidadãos ativos e informados de seus direitos e deveres.

A divulgação das leis fundamentais do País é, portanto, um requisito indispensável para aprimorar nosso regime democrático, formando cidadãos esclarecidos e participantes.

A Imprensa Oficial do Estado de São Paulo, ao publicar os textos atualizados e integrais de alguns dos diplomas mais importantes de nosso sistema legal, presta sua contribuição a essa tarefa de grande significado republicano.

Hubert Alquéres
Diretor-presidente da Imprensa Oficial do Estado de São Paulo

Sumário

O Civismo e os Símbolos Nacionais

Não há pátria sem civismo. É ele o sangue vivificador dos variados órgãos que se articulam em sistema para ensejar a perenidade do nicho geistórico, social e cultural em que nos foi dado nascer e viver.País feito nação, nação feito pátria, aos quais falte o alento do civismo, não passam de referências cartográficas, onde vivem povos sem amor ao passado, nem esperanças no futuro, anemizados nos seus ideais e clonados na insignificância da sua incapacidade de orgulhar-se civicamente e de ter referenciais de ontem para a luta de amanhã. É o civismo que concede fidalguia às nações, porque consegue juntar, na mesma onda de sentimento e saber, o reconhecimento e a compreensão dos feitos de honra, que fazem a grandeza da história de vida de uma determinada coletividade. Ai dos que se descuidam das suas referências cívicas, tendo como conseqüência a anemização da alma coletiva.

É um alto risco que o Brasil vem correndo, na quadra atual de sua história político-social: o desinteresse ou, quando não, a clara oposição ao ensino de civismo, nas escolas de todos os graus deste país, fruto dos ressentimentos em relação ao regime militar, que se utilizou indevidamente dos valores cívicos para confundi-los com a circunstancialidade dos então donos do poder.

Embora se compreenda que essa reação ocorra, o que não se pode compreender, nem aceitar, é que se coloquem no mesmo plano de julgamento tanto a condenação do regime, já perempto, quanto a própria alma da nacionalidade, traduzida pelos referidos valores. Há que separar as coisas, o que nem sempre é fácil, tendo em vista o vezo de numerosos segmentos da sociedade brasileira, mais afeitos a julgar pelo emocionalismo à flor da pele, e a confundir alhos com bugalhos, do que a agir racionalmente e isolar o essencial do acidental. Afinal, civismo é algo que participa do conceito da cives, raiz comum da civilidade, da civilização, do civilismo, de civil, de civilizar, entre outros conceitos afins.

Urge restaurar as lições básicas do civismo, na escolaridade dos brasileiros, independentemente do repúdio histórico que se venha a fazer dos regimes e das ideologias que deles se serviram, um dia, ou ainda hoje se servem, para justificar as suas trapalhadas programáticas. E o caminho mais curto para isso está no conhecimento e no cultivo dos símbolos da pátria: hinos patrióticos, bandeiras, brasões, armas e selos nacionais, referências históricas, geográficas e culturais, bem como episódios básicos da formação da nacionalidade. Tudo isso são referências indispensáveis ao amadurecimento da identidade de um povo e faz parte da educação essencial de cada ser humano.

Bem haja, pois, o aparecimento, em boa hora, dessa obra de Luiz Gonzaga Bertelli, um intelectual que, com seus estudos e escritos, tem contribuído fortemente para abrilhantar a intelligentsia brasileira. O destino desta publicação é dos mais promissores, dada a atualidade de sua temática e a forma adequada com que foi abordada. Escrita com correção e pertinência, traduz meticulosa pesquisa historiográfica, que honra a condição do autor como presidente da Academia Paulista de História. Oxalá venha ela a ser o primeiro passo na retomada do civismo entre nós, eis que ambos sabemos, tanto eu, quanto ele, que sem a seiva permanentemente circulante desses valores, a árvore da pátria corre o risco de atrofiar-se e secar.

Paulo Nathanael Pereira de Souza
Membro da Academia Paulista de História, administrador, educador e presidente do Conselho de Administração do Centro de Integração Empresa-Escola -CIEE

Uma inestimável contribuição às novas gerações

Meu convívio com Luiz Gonzaga Bertelli é recente, porém já o conhecia como presidente executivo do Centro de Integração Empresa-Escola-CIEE, diretor da FIESP/CIESP, jornalista e advogado. Quando ele foi eleito para ocupar a cadeira número 21 da Academia Paulista de História, em 25 de julho de 2001, passei, para minha satisfação, a desfrutar de um convívio quase permanente com esse eminente cidadão brasileiro. Assim o digo, pois desse momento em diante, observando melhor sua vida e obra, o que mais surpreende é, indiscutivelmente, essa invulgar capacidade de trabalho.Luiz Gonzaga Bertelli tem tempo para tudo, pois além dos cargos que ocupa com rara eficiência foi indicado e eleito por maioria absoluta como presidente da Academia Paulista de História!

Aceitou com a maior naturalidade mais esse desafio que se lhe apresenta, e ainda encontra tempo para, num gesto patriótico, procurar despertar nos jovens brasileiros o arraigado sentimento de conhecer, sentir e viver a grandeza deste país, criando neles um espírito de nacionalidade e cidadania.

Muito se tem escrito sobre os símbolos nacionais, e eu mesmo já o fiz em diversas de minhas obras. Porém, o que caracteriza marcantemente este trabalho é a meticulosidade com que estuda o assunto. Não se limita Bertelli a descrever os símbolos nacionais do Brasil propriamente ditos. Avança, com civismo impregnado em seu coração, colocando as letras dos hinos Nacional, da Independência, da Proclamação e da Bandeira, hoje infelizmente esquecidos, salvo o primeiro, assim mesmo sem aquela assiduidade dos meus tempos de grupo escolar e ginásio. Prosseguindo, o autor traça um perfil das bandeiras históricas, aprofundando-se nas origens da Bandeira Brasileira; e, na seqüência lógica, aborda as Armas e o Selo Nacional.

O trabalho é enriquecido com as bandeiras e os brasões dos Estados brasileiros, destacando também as Capitais e os bens patrimoniais tombados pela UNESCO - Organização das Nações Unidas para a Ciência e a Cultura. Há ainda uma ligeira resenha histórica que vai do Descobrimento à República.

A obra representa importante passo numa existência dedicada integralmente ao trabalho, sempre coroada de êxitos, quer como empresário atuante ou historiador de largos méritos. Acredito que Luiz Gonzaga Bertelli presta com esta publicação um inestimável serviço às novas gerações e, de modo geral, ao povo brasileiro. Num país em que pouco se liga à memória do passado, em que os heróis, os fatos e os feitos se esquecem facilmente, devemos proteger, guardar, ler e mesmo decorar o que mais amamos: a história da terra brasileira! Assim, está de parabéns o autor pela iniciativa, como verdadeiro exemplo de fé, civismo e idealismo.

Na singeleza destas palavras, saídas do coração, aqui fica a admiração cada vez maior que tenho por Luiz Gonzaga Bertelli!

Douglas Michalany
Historiador, editor e presidente emérito da Academia Paulista de História

Introdução

Uma pátria de verdade se constrói com valores, com ética e com cidadãos. Permeando tudo isso estão a cultura, os objetivos e as ações da nação. Escritos sobre o papel, esses conceitos parecem extremamente simples, mas na prática nem sempre a história apresenta um final feliz. Para chegarmos à construção de uma pátria de verdade, é preciso um tempo que não se pode comparar com a cronologia humana: se uma década em nossa vida é quase uma eternidade, para um país ela não passa de um ponto no calendário.

No entanto, a fórmula para a solidificação de valores, a determinação de princípios éticos e a formação de cidadãos é, em essência, muito simples: deve sempre começar pelas novas gerações, pelos jovens que ingressam nas escolas e, em conjunto com a família, moldam seu caráter e sua capacidade empreendedora.

Mas um país necessita mais do que um punhado de terra para se mostrar ao mundo e a seus habitantes. Ele precisa de símbolos que o tornem tangível, que possam representá-lo em cerimônias e que lhe permitam ser reverenciado em eventos. Os símbolos dão concretude a um comportamento cívico de respeito à pátria, em qualquer lugar, mesmo distante da soberania do seu território.

É daí que surgiu a motivação para pesquisar a história, curiosidades e aplicações dos símbolos nacionais do Brasil. Neste livro reuni um conjunto de informações históricas e práticas, para servirem de referencial de consulta permanente aos jovens estudantes que construirão os alicerces da nossa pátria, por meio do exercício completo da cidadania.

Reconheço que saber de cor a difícil letra do Hino Nacional não confere ao brasileiro um certificado de cidadão. No entanto, entender seu significado para cantá-lo com emoção ajuda a consolidar a brasilidade e a dar maior dignidade ao fato de ser brasileiro. E é exatamente essa a contribuição que pretendo oferecer ao meu país.

Como organizar as bandeiras que ficarão ao lado da brasileira, onde devem ser mostrados o brasão e as armas nacionais como devem ser cantados os outros hinos de caráter histórico da nossa nação são algumas das dúvidas costumeiras que estão respondidas neste trabalho resultado dos estudos de um brasileiro que ama sua pátria e pretende partilhar os símbolos desse amor com o restante da população.

Boa leitura!

Luiz Gonzaga Bertelli
presidente executivo do CIEE e presidente da Academia Paulista de História

Símbolos Nacionais

Capítulo I
A modificação do Hino Nacional

Os símbolos da República Federativa do Brasil estão estabelecidos no artigo 13, parágrafo 19, da Constituição brasileira. São eles a Bandeira, o Hino, as Armas e o Selo Nacionais.

O Hino Nacional, cuja letra muitos políticos consagrados desconhecem e não sabem cantar de cor (isto é, de coração), foi objeto de regulamentação em três decretos (um de 1922, outro de 1942 e o terceiro de 1971). São versões distintas e consideradas não comprometedoras, eis que, rigorosamente, não entoamos os travessões, as aspas ou os pontos de exclamação. Contudo, quem analisa a letra do Hino (de complexo e difícil entendimento para a maioria da população brasileira) constata que se perdeu o sentido original e autêntico do símbolo.

Antigamente, os alunos iniciavam as suas atividades escolares com o cântico do Hino Nacional e o hasteamento da Bandeira. Inclusive, encontra-se em tramitação no Congresso Nacional um projeto de lei determinando o retorno ao antigo costume. Há jornalistas conceituados que, não obstante, reputam a prática como um verdadeiro retrocesso, pois para eles: "A cidadania não deve ser imposta e saber cantar o Hino não faz de alguém um cidadão brasileiro".

No Arquivo Nacional, no Rio de Janeiro, encontra-se o Decreto, com o autógrafo do presidente Epitácio Pessoa, que aprovou o Hino. Data de 1909, tendo, como autor da letra, Joaquim Osório Duque Estrada, e da melodia, o maestro Francisco Manuel da Silva.

Desde 1822, antes mesmo da proclamação da Independência, a música do Hino era tocada pelas orquestras militares. A tradicional e conceituada banda dos bombeiros cariocas e a dos fuzileiros navais já haviam incluído no seu repertório o Hino. Consta que, na sagração do monarca Pedro II, ele foi executado, tendo sido proclamado pelo cerimonial como o Hino Nacional pátrio. Não existe, contudo, qualquer dispositivo governamental comprovador da aceitação oficial, e a música, em decorrência da sua inquestionável beleza, foi gradativamente assimilada pela população.

Nos albores da instauração da República, em 1889, o Hino não tinha, ainda, letra. Com a proclamação republicana, o marechal Deodoro da Fonseca determinara a organização de um concurso popular para letra e música do Hino Nacional, desprezando a melodia de Francisco Manuel, que faleceu em 1865.

A escolha recaiu na música do compositor Leopoldo Miguez, tendo o novo Hino como letrista o poeta e acadêmico Medeiros e Albuquerque. Na divulgação da nova versão do símbolo, a imprensa criticou, com veemência, a iniciativa governamental, considerando-a ultrajante e ofensiva à memória do maestro Francisco Manuel. Cedendo à pressão da imprensa e aos clamores populares, Deodoro retrocede e comunica aos jornalistas que o Hino Nacional permaneceria com a música de Francisco Manuel da Silva (Decreto nº 171, de 1890) e a nova obra musical de Miguez passa a ser o Hino à Proclamação da República.

Mais tarde, na administração municipal do prefeito Pereira Passos, no Rio de Janeiro, antiga capital federal, foi aberto um novo concurso público para a letra do Hino. Com a letra já existente e publicada, Joaquim Osório Duque Estrada apresenta-se como candidato, vindo a sair vencedor.

Em 1916, novas alterações seriam efetuadas pelo mencionado autor, no sentido de aperfeiçoar o original: "Ouviram do Ipiranga as margens plácidas, de Independência o brado retumbante". Outra modificação sugerida era: "Em teu seio, ó liberdade", que originalmente era "pelo amor da liberdade".

Por mais de sete anos, acirrados debates ocorreram no tocante aos versos, com críticas encabeçadas pelo acadêmico Medeiros e Albuquerque. O escritor, inclusive, apontava o cacófato de "herói cobrado", como deplorável e a ser escoimado do texto.

No primeiro centenário da Independência, em 1922, o presidente Epitácio Pessoa baixou um decreto, reconhecendo, oficialmente, que o Hino Nacional brasileiro seria o da música de Francisco Manuel da Silva com a letra de Osório Duque Estrada, em consonância com o documento existente no Arquivo Nacional.

Em setembro de 1971, novo decreto federal estabelece, definitivamente, que a letra e a música do Hino são as do nosso conhecimento, nos dias atuais.

Para os brasileiros, a música jamais teve contestação. Entretanto, no que concerne à letra, várias tentativas foram feitas para alterá-la ou, inclusive, substituir, parcial ou inteiramente, seus versos.

Nas diversas legislaturas da República e mesmo nos governos militares, diversos projetos foram apresentados, inclusive um deles sob a liderança do consagrado maestro Villa Lobos.

A verdade é que o Hino é de difícil compreensão, escrito à moda antiga, com expressões incomuns e desconhecidas da maioria dos brasileiros. Mas o Hino sempre emociona e faz o coração bater, com maior intensidade, constituindo a exteriorização mundial que proclama e simboliza a nação brasileira. Como afirma José Murilo de Carvalho: "Não é outra coisa que se pede de um símbolo nacional: a capacidade de traduzir o sentimento coletivo, de expressar a emoção cívica dos membros de uma comunidade nacional". É preciso, portanto, mantê-lo, visando à preservação da memória nacional, pois um país não sobrevive sem ela.

HINO NACIONAL BRASILEIRO

Letra de
JOAQUIM OSÓRIO DUQUE ESTRADA

Música de
FRANCISCO MANUEL DA SILVA

LETRAS DE HINOS

HINO NACIONAL BRASILEIRO

Letra: Joaquim Osório Duque Estrada

Ouviram do Ipiranga as margens plácidas
De um povo heróico o brado retumbante,
E o sol da Liberdade, em raios fúlgidos,
Brilhou no céu da Pátria nesse instante.

Se o penhor dessa igualdade
Conseguimos conquistar com braço forte,
Em teu seio, ó Liberdade,
Desafia o nosso peito a própria morte!

Ó Pátria amada,
Idolatrada,
Salve! Salve!

Brasil, um sonho intenso, um raio vívido
De amor e de esperança à terra desce,
Se em teu formoso céu, risonho e límpido,
A imagem do Cruzeiro resplandece.

Gigante pela própria natureza,
És belo, és forte, impávido colosso,
E o teu futuro espelha essa grandeza.

Terra adorada,
Entre outras mil,
És tu, Brasil,
Ó Pátria amada!

Dos filhos deste solo és mãe gentil,
Pátria amada,
Brasil!

Música: Francisco Manuel da Silva

Deitado eternamente em berço esplêndido,
Ao som do mar e à luz do céu profundo,
Fulguras, ó Brasil, florão da América,
Iluminado ao sol do Novo Mundo!

Do que a terra mais garrida
Teus risonhos, lindos campos têm mais flores;
Nossos bosques têm mais vida,
Nossa vida no teu seio mais amores.

Ó Pátria amada,
Idolatrada,
Salve! Salve!

Brasil, de amor eterno seja símbolo
O lábaro que ostentas estrelado,
E diga o verde-louro dessa flâmula:
Paz no Futuro e glória no Passado!

Mas se ergues da justiça a clava forte,
Verás que um filho teu não foge à luta,
Nem teme, quem te adora, a própria morte!

Terra adorada
Entre outras mil,
És tu, Brasil,
Ó Pátria amada!

Dos filhos deste solo és mãe gentil,
Pátria amada,
Brasil!

HINO À BANDEIRA

Letra: Olavo Bilac

Música: Francisco Braga

Salve, lindo pendão da esperança,
Salve, símbolo augusto da paz!
Tua nobre presença à lembrança
A grandeza da Pátria nos traz.

Recebe o afeto que se encerra
Em nosso peito juvenil,
Querido símbolo da terra,
Da amada terra do Brasil!

Em teu seio formoso retratas
Este céu de puríssimo azul,
A verdura sem par destas matas,
E o esplendor do Cruzeiro do Sul.

Recebe o afeto que se encerra
Em nosso peito juvenil,
Querido símbolo da terra,
Da amada terra do Brasil!

Contemplando o teu vulto sagrado,
Compreendemos o nosso dever;
E o Brasil, por seus filhos amado,
Poderoso e feliz há de ser.

Recebe o afeto que se encerra
Em nosso peito juvenil,
Querido símbolo da terra,
Da amada terra do Brasil!

Sobre a imensa Nação Brasileira,
Nos momentos de festa ou de dor,
Paira sempre, sagrada bandeira,
Pavilhão da Justiça e do Amor!

Recebe o afeto que se encerra
Em nosso peito juvenil,
Querido símbolo da terra,
Da amada terra do Brasil!

Vocabulário

pendão - bandeira, flâmula
augusto - respeitável, sublime, majestoso
paira - fica no alto, mantém-se em equilíbrio no ar, esvoaça, agita-se lentamente

HINO DA INDEPENDÊNCIA

Letra: Evaristo Ferreira da Veiga

Música: D. Pedro I

Já podeis da Pátria filhos
Ver contente a mãe gentil;
Já raiou a liberdade
No horizonte do Brasil
Já raiou a liberdade,
Já raiou a liberdade
No horizonte do Brasil.

Brava gente brasileira!
Longe vá temor servil
Ou ficar a Pátria livre
Ou morrer pelo Brasil;
Ou ficar a Pátria livre,
Ou morrer pelo Brasil.

Os grilhões que nos forjava
Da perfídia astuto ardil,
Houve mão mais poderosa,
Zombou deles o Brasil;
Houve mão mais poderosa
Houve mão mais poderosa
Zombou deles o Brasil.

Brava gente brasileira!
Longe vá temor servil
Ou ficar a Pátria livre
Ou morrer pelo Brasil;
Ou ficar a Pátria livre,
Ou morrer pelo Brasil.

Não temais ímpias falanges
Que apresentam face hostil;
Vossos peitos, vossos braços
São muralhas do Brasil;
Vossos peitos, vossos braços
Vossos peitos, vossos braços
São muralhas do Brasil.

Brava gente brasileira!
Longe vá temor servil
Ou ficar a Pátria livre
Ou morrer pelo Brasil;
Ou ficar a Pátria livre,
Ou morrer pelo Brasil.

Parabéns, ó brasileiros!
Já, com garbo varonil,
Do universo entre as nações
Resplandece a do Brasil;
Do universo entre as nações
Do universo entre as nações
Resplandece a do Brasil.

Brava gente brasileira!
Longe vá temor servil
Ou ficar a Pátria livre
Ou morrer pelo Brasil;
Ou ficar a Pátria livre,
Ou morrer pelo Brasil.

Vocabulário

servil - subserviente, desprezível, próprio de um servo
grilhões - correntes, cadeias, laços
perfídia - traição
astuto - astucioso
ardil - estratagema, artimanha
ímpias - desumanas, cruéis
falanges - tropas, multidão
hostil - inimigo, contrário
garbo - brio, elegância, distinção
varonil - forte, viril, potente

HINO À PROCLAMAÇÃO DA REPÚBLICA

Letra: Medeiros e Albuquerque

Música: Leopoldo Augusto Miguez

Seja um pálio de luz desdobrado
Sob a larga amplidão destes céus
Este canto rebel que o passado
Vem remir dos mais torpes labéus!
Seja um hino de glória que fale
De esperança, de um novo porvir!
Com visões de triunfos embale
Quem por ele lutando surgir!

Liberdade! Liberdade!
Abre as asas sobre nós!
Das lutas na tempestade
Dá que ouçamos tua voz!

Nós nem cremos que escravos outrora
Tenha havido em tão nobre País...
Hoje o rubro lampejo da aurora
Acha irmãos, não tiranos hostis.
Somos todos iguais! Ao futuro
Saberemos, unidos, levar
Nosso augusto estandarte que, puro,
Brilha, avante, da Pátria no altar!

Liberdade! Liberdade!
Abre as asas sobre nós!
Das lutas na tempestade
Dá que ouçamos tua voz!

Se é mister que de peitos valentes
Haja sangue em nosso pendão,
Sangue vivo do herói Tiradentes
Batizou este audaz pavilhão!
Mensageiros de paz, paz queremos,
É de amor nossa força e poder
Mas da guerra nos transes supremos
Heis de ver-nos lutar e vencer!

Liberdade! Liberdade!
Abre as asas sobre nós!
Das lutas na tempestade
Dá que ouçamos tua voz!

Do Ipiranga é preciso que o brado
Seja um grito soberbo de fé!
O Brasil já surgiu libertado,
Sobre as púrpuras régias de pé.
Eia, pois, brasileiros avante!
Verdes louros colhamos louçãos!
Seja o nosso País triunfante,
Livre terra de livres irmãos!

Liberdade! Liberdade!
Abre as asas sobre nós!
Das lutas na tempestade
Dá que ouçamos tua voz!

Vocabulário

pálio - manto, capa
rebel - rebelde, que se revolta
remir - tirar do cativeiro, livrar, libertar
torpes - desonestos, infames
labéus - manchas na reputação, desonras
porvir - futuro, tempo que está por vir
embale - entretenha, iluda, encante
lampejo - clarão, brilho repentino
tiranos - governantes cruéis, opressores, impiedosos
hostis - inimigos, agressivos
mister - necessário, urgente
audaz - corajoso, ousado
púrpuras - de cor vermelha, símbolo de dignidade real
régias - reais
eia - interjeição que serve para animação, coragem
louçãos - graciosos, elegantes, gentis

CAPÍTULO II
A Bandeira do Brasil

Conhecer bem a Bandeira do Brasil e o seu simbolismo é um verdadeiro mergulho na história. O círculo central em azul, que representa a esfera celeste, simboliza as grandes viagens marítimas dos portugueses, bem como a história do Cristianismo e a mãe de Jesus, padroeira do Brasil e de Portugal. No globo celeste, a faixa transversal sintetiza um mote positivista do filósofo francês Auguste Comte: "o amor como princípio, a ordem como base e o progresso como fim".

Bandeiras históricas

Embora haja divergências, a maioria dos autores define como dez o número de bandeiras históricas do País. Além delas, muitos historiadores incluem a bandeira da Ordem de Cristo, instituição portuguesa de caráter religioso e militar, que patrocinou as grandes navegações dos séculos XV e XVI.

O pensamento foi resumido na conhecida frase: "Ordem e Progresso". A doutrina positivista desenvolveu-se no século XIX, valorizando, acima de tudo, a ciência. Por ser de fácil assimilação, teve larga repercussão nos países latinos, sobretudo em Portugal, com Teófilo Braga. Para alguns historiadores, a faixa representaria o caudaloso rio Amazonas. O projeto de criação da Bandeira do Brasil é de autoria do professor Teixeira Mendes, seguidor de Auguste Comte e presidente do Apostolado Positivista do Brasil. No seu trabalho, recebeu a contribuição de Miguel Lemos e do professor Manuel Pereira Reis, catedrático de Astronomia da Escola Politécnica.

Bandeira da Ordem de Cristo (1332 a 1651)

Tanto a bandeira quanto o estandarte da Ordem estavam presentes no descobrimento do Brasil, participando das duas primeiras missas realizadas nas novas terras. A Ordem de Cristo, patrocinadora das grandes navegações portuguesas, exerceu grande influência nos dois primeiros séculos da vida brasileira.

Bandeira Real (1495 a 1521)

Bandeira do Reino de Portugal sob o governo do rei d. Manuel, que tremulava nos navios de Pedro Álvares Cabral, por ocasião do descobrimento do Brasil.

O desenho, feito pelo pintor Décio Vilares, teve sua execução confiada a um litógrafo francês, habituado a produzir marcas comerciais e sem conhecimentos de Heráldica, cuja obra foi considerada por Clóvis Ribeiro de "deplorável mau gosto e sem nenhuma significação". O verde da Bandeira tem muitos significados. É a cor, por exemplo, da casa real de Bragança, da qual fazia parte o proclamador da Independência do Brasil, dom Pedro I, e da casa real dos Habsburgos, de dona Leopoldina, esposa do então príncipe regente.

O amarelo, que também era a cor simbólica da dinastia dos Habsburgos, é a representação poética do sol, que ilumina intensamente o Brasil, em média, durante mais de 300 dias no ano. Combinado com o verde, o amarelo simboliza a irmandade com as nações africanas. As cores vermelha e preta não constam da nossa Bandeira, pois essas matizes lembrariam guerras, ameaças e agressões.

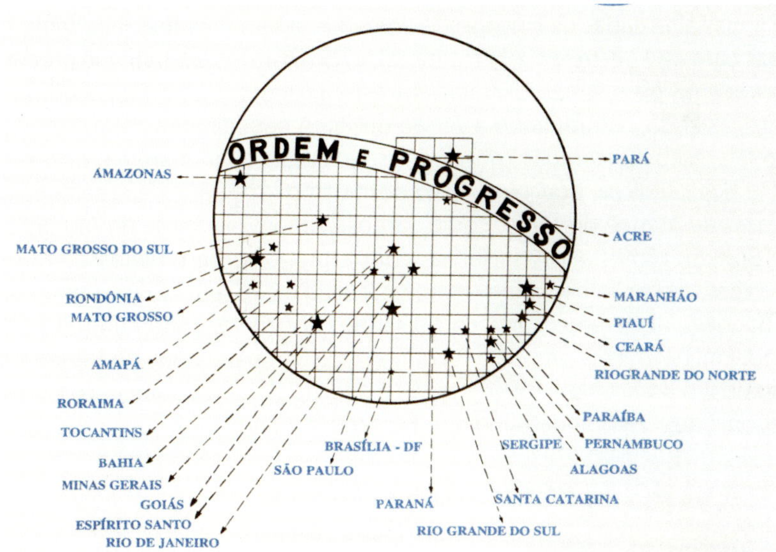

Para os seus idealizadores, a bandeira brasileira deveria ser um pendão idealista e limpo, à semelhança dos antigos estandartes, confeccionados para comemorar o bem-estar da população e o agradecimento aos deuses. As estrelas simbolizam os Estados brasileiros e o município neutro do País. No centro da Bandeira, em destaque, temos a constelação do Cruzeiro do Sul, que no momento histórico da proclamação da República (15 de novembro de 1889, às 8h30), passava sobre o meridiano da cidade do Rio de Janeiro, antiga capital da nação.

Como é costume heráldico, as estrelas da bandeira do Brasil aparecem com cinco pontas e cinco dimensões diferentes. Elas são visíveis a olho nu de qualquer local do País, embora em diferentes épocas do ano. Ao contrário do que muitos pensam, a estrutura alfa da constelação de Virgem, a chamada Spica, aquela que aparece solitária sobre a faixa "Ordem e Progresso", não representa o Distrito Federal, Brasília. Spica representa o Estado do Pará, e o seu nome significa espiga. A maioria dos brasileiros desconhece que a confecção da Bandeira Nacional está sujeita a rígidos critérios, em relação às dimensões das figuras geométricas (retângulo, losango e círculo), às letras e estrelas.

Bandeira Real (1521 a 1616)

Instituída por d. João III, esta bandeira de Portugal foi mantida também durante os reinados de d. Sebastião e d. Henrique, vigorando ainda por mais da metade do período de domínio espanhol.

Ao contrário da bandeira norte-americana, em que as 50 estrelas estão dispostas em linhas alternadas de cinco a seis unidades, a bandeira brasileira tem posições definidas para as 27 estrelas (26 Estados, além do Distrito Federal), que procuram reproduzir as suas posições aproximadas na esfera celeste. É comum encontrar cópias incorretas à venda, contrariando a versão oficial. A bandeira brasileira, aprovada por decreto-lei, recebeu acirradas críticas dos saudosistas da monarquia, dos republicanos e até dos católicos, que julgavam o positivismo uma verdadeira seita religiosa.

Vozes de grande prestígio, como Santos Dumont, visconde de Taunay e barão do Rio Branco, protestaram, inclusive, com a proposta de projetos de reforma e, muitas vezes, a criação de bandeiras novas. Júlio Ribeiro, em 1888, sugeriu uma cópia da bandeira norte-americana, com 13 listras horizontais, alternando-se o preto e o branco. Em 1946, essa proposta foi oficializada como bandeira do Estado paulista. O barão do Rio Branco, em 1890, sugeriu a adoção de uma bandeira com três listras em diagonal, representando o índio, o branco e o negro.

Bandeira de Portugal sob o domínio espanhol (1580 a 1640)

Foi instituída por Filipe II da Espanha para Portugal e suas colônias, durante o período de domínio espanhol.

Bandeira Real (1640 a 1683)

Também conhecida como a "bandeira de d. João IV", foi instituída logo após o fim do domínio espanhol, para caracterizar a restauração da independência de Portugal, sob a casa de Bragança.

Para o deputado Venceslau Escobar, em 1908, haveria a necessidade de supressão da faixa com o lema "Ordem e Progresso", a fim de que a nação brasileira não tivesse na sua bandeira a divisa da doutrina positivista. Em setembro de 1982, o deputado Oliveira Valadão, com o apoio de 14 parlamentares, apresentou projeto visando à retirada do lema "Ordem e Progresso", que suscitara tanta polêmica. As Armas da República ficariam num círculo central, de cor azul-marinho. O símbolo nacional, inclusive, foi muito criticado por fugir dos padrões comuns das bandeiras européias da época. Não teriam sido adotados, para os críticos, os princípios da Heráldica, sistema de combinações de figuras usadas nos brasões e emblemas, desde a Idade Média. Os outros símbolos nacionais, além da bandeira, são o Hino Nacional, as Armas Nacionais e o Selo Nacional, conforme preceitua a Constituição Federal no seu artigo 13, parágrafo 1º.

Bandeira do Principado do Brasil (1645 a 1816)

O Principado do Brasil foi uma dignidade criada por d. João IV em favor de seu filho mais velho, transferida pelos reis seguintes aos demais herdeiros da coroa lusa.

Celso Bastos proclama a imprescindibilidade de emenda constitucional para a alteração de quaisquer desses símbolos. As alterações necessárias (por exemplo, a inserção de uma nova estrela na bandeira) têm sido levadas a cabo por mero decreto.

Além do constante desrespeito aos seus aspectos dimensionais, a legislação disciplina o cerimonial de uso da bandeira (hasteamento e arriamento, posição em relação a outras bandeiras etc.).

São consideradas manifestações desrespeitosas à Bandeira Nacional:

- apresentá-la em mau estado de conservação;
- mudar as suas formas ou cores;
- usá-la como roupagem, guarnição de mesa, revestimento de tribuna, cobertura de placas e retratos, painéis ou monumentos; e
- reprodução em rótulos ou invólucros de produtos expostos à venda.

Atualmente, todas as unidades da Federação brasileira possuem, além de brasões, bandeiras oficiais.

Bandeira do Reino Unido de Portugal, Brasil e Algarves (1816 a 1821)

Criada em conseqüência da elevação do Brasil à categoria de reino, em 1815.

Bandeira do Reino Unido Constitucional (1821 a 1822)

Criada para simbolizar o fim da monarquia absoluta e a instituição do regime constitucional em Portugal, proclamado pelas cortes de Lisboa.

Oportunas as comemorações sobre os símbolos nacionais, com o precípuo objetivo de estimular o jovem estudante brasileiro a reconhecer os símbolos da pátria. Como dizia o grande poeta baiano Castro Alves: "Auriverde pendão da minha terra, que a brisa do Brasil beija e balança, estandarte que a luz do sol encerra, e as promessas divinas da esperança... Tu que da Liberdade após a guerra foste hasteado dos heróis na lança, antes te houvessem roto na batalha, que servires a um povo de mortalha!"

Bandeira do Império (1822 a 1889)

Primeira bandeira do Brasil como nação soberana e independente. Foi instituída em 18 de setembro de 1822, logo após a proclamação da Independência, a partir do projeto de autoria do próprio príncipe regente D. Pedro I.

Ou, ainda, como os versos de Olavo Bilac, o príncipe dos poetas brasileiros: "Salve, lindo pendão da esperança. Salve, símbolo augusto da paz! Tua nobre presença à lembrança a grandeza da pátria nos traz". Vale lembrar também as palavras do grande poeta da Revolução Constitucionalista de 1932, Guilherme de Almeida, que constituem verdadeira relíquia da nossa história e da nossa gente: "Bandeira da minha terra, bandeira das treze listras, são treze lanças de guerra, cercando o chão dos paulistas".

Bandeira Provisória da República (1889)

Tremulou como símbolo do Brasil republicano entre os dias 15 e 19 de novembro de 1889, quando o governo provisório instituiu a bandeira definitiva.

Bandeira Nacional (1889 aos dias atuais)

A atual Bandeira Nacional, a Bandeira da República Federativa do Brasil, mantém em sua essência a configuração e as cores da Bandeira do Império: losango amarelo, sem tocar as extremidades do retângulo, em campo verde, com a troca das armas do Império pelo emblema da República; esfera azul, com uma faixa branca contendo os dizeres "Ordem e Progresso" (grafado na cor verde) e, representando os Estados brasileiros, 27 estrelas brancas (cuja disposição corresponde ao céu, na cidade do Rio de Janeiro, às 8h30 do dia 15 de novembro de 1889, data da proclamação da República).

Apresentação da Bandeira Nacional

A Bandeira Nacional pode ser usada em todas as manifestações do sentimento patriótico dos brasileiros, tanto em caráter oficial, quanto particular. Ela pode ser:

- hasteada em mastros ou adriças, em prédios, templos, campos de esportes, escritórios, salas de aula, auditórios, embarcações, ruas e praças, desde que se lhe assegure o devido respeito;

- distendida e sem mastro, desfraldada, aplicada sobre paredes ou presa a um cabo ligando edifícios, árvores, postes ou mastros (quando distendida e sem mastro, a bandeira deve ser colocada de modo que o lado maior fique na horizontal e a estrela, isolada em cima, não podendo ser ocultada, mesmo parcialmente, por pessoas sentadas em suas imediações);

- reproduzida sobre paredes, tetos, vidraças, veículos e aeronaves;
- composta com outras bandeiras, panóplias, escudos ou peças semelhantes;
- conduzida em formaturas, desfiles ou mesmo individualmente;
- distendida sobre ataúdes, até a ocasião do sepultamento;
- e usada em saudações militares.

Hasteamento

A Bandeira Nacional estará hasteada permanentemente no topo de um mastro especial na praça dos Três Poderes, em Brasília, no Distrito Federal, como símbolo perene da pátria. Sua substituição é feita com solenidades especiais no primeiro domingo de cada mês, devendo o novo exemplar atingir o topo do mastro antes que o exemplar substituído comece a ser arriado.

A Bandeira Nacional é hasteada diariamente:

- no palácio da Presidência da República;
- nos edifícios-sede dos Ministérios;
- nas casas do Congresso Nacional
- no Supremo Tribunal Federal, nos Tribunais Superiores e nos Tribunais Federais de Recursos;
- nos edifícios-sede dos Poderes Executivo, Legislativo e Judiciário dos Estados, Territórios e do Distrito Federal;
- nas Prefeituras e Câmaras Municipais;
- nas repartições federais, estaduais e municipais situadas na faixa de fronteira;
- nas missões diplomáticas, delegações junto a organismos internacionais e repartições consulares de carreira; e
- nas unidades da marinha mercante.

Obrigatoriamente, a Bandeira Nacional deve ser hasteada em dias de festa ou de luto nacional, em todas as repartições públicas, nos estabelecimentos de ensino e sindicatos. Nas escolas públicas ou particulares também é obrigatório seu hasteamento pelo menos uma vez por semana, durante o ano letivo.

A Bandeira Nacional pode ser hasteada e arriada a qualquer hora do dia ou da noite. O hasteamento é normalmente feito às 8 horas e o arriamento às 18 horas, por causa da claridade do dia. Somente no dia 19 de novembro, dia da Bandeira, há um horário determinado para o hasteamento: às 12 horas, com solenidades especiais. Durante a noite a bandeira deve ficar sempre devidamente iluminada.

Quando várias bandeiras são hasteadas ou arriadas simultaneamente, a Bandeira Nacional é a primeira a atingir o topo e a última a descer.

POSIÇÃO

Em todas as apresentações em território brasileiro, a Bandeira Nacional deve ocupar sempre o lugar de honra. Sua posição deve ser:

- central ou a mais próxima do centro - e à direita deste, quando com outras bandeiras, pavilhões ou estandartes, em linha de mastros, panóplias, escudos ou peças semelhantes;
- destacada à frente de outras bandeiras, quando conduzida em formaturas ou desfiles;
- à direita de tribunas, púlpitos, mesas de reunião ou de trabalho.

As embaixadas de outros países no Brasil, por constituírem território estrangeiro, são os únicos lugares em que a Bandeira Nacional fica à esquerda. No caso de bandeiras regionais, a precedência é regulada pela antigüidade histórica dos diferentes Estados.

BANDEIRA NACIONAL E OUTRAS BANDEIRAS

- Com bandeira do Estado:
  Nacional à direita e Estado à esquerda.

Brasil

São Paulo

- Com bandeira do município:
  Nacional à direita e município à esquerda. Com bandeira do Estado e do município: Nacional ao centro, Estado à direita e município à esquerda.

Brasil

São Paulo

- Com bandeira do Estado e do município:
  Nacional ao centro, Estado à direita e município à esquerda.

São Paulo

Brasil

São Paulo

- Com bandeira do Estado e da empresa:
  Nacional no centro, Estado à direita e empresa à esquerda.

São Paulo

Brasil

CIEE

- Com bandeira do Estado, município e empresa: Nacional no centro-direito, Estado à esquerda da Nacional, dividindo as duas o centro, município à direita e empresa à esquerda, ao lado da bandeira do Estado.

São Paulo

Brasil

São Paulo

CIEE

- Com bandeira de vários Estados:
  Bandeira do Estado-anfitrião à direita da Bandeira Nacional (os demais Estados seguem a ordem de fundação histórica).

Rio de Janeiro *São Paulo* *Brasil* *Bahia* *R. G. do Sul*

- Com bandeira de outro país: Nacional à direita e do país visitante à esquerda.

Brasil *França*

- Com bandeiras de outros países:
  Ordem alfabética dos países visitantes, pelo idioma do país anfitrião.

EUA *Brasil* *Portugal*

- Com bandeiras de outros países e do Estado anfitrião (em número ímpar): Bandeira do país visitante de primeira letra alfabética à direita da do Brasil, seguindo-se a do Estado anfitrião, à esquerda (os outros países acompanham a ordem alfabética).

França *EUA* *Brasil* *São Paulo* *Portugal*

- Com bandeiras de outros países e do Estado anfitrião (em número par):

São Paulo *Brasil* *EUA* *França*

- Com a bandeira de outro país, do Estado e da empresa:
Bandeira do país visitante, que fica à esquerda da do Brasil, bandeira do Estado anfitrião, à direita, e por último a da empresa, à esquerda do país visitante.

IMPORTANTE: Considera-se direita de um dispositivo de bandeiras a direita de uma pessoa colocada junto a ele e voltada para a rua, para a platéia ou, de modo geral, para o público que observa o dispositivo. Ou seja, lado direito, nesse caso, corresponde à direita de quem hasteia a bandeira e não de quem está de frente para ela.

CAPÍTULO III
As Armas e o Selo Nacionais

Originário da palavra alemã *blasen*, cujo significado é "tocar buzina", o brasão é um conjunto de peças, figuras e ornatos, dispostos no campo do escudo ou fora dele, e que representam as armas de uma nação, soberano, família, corporação, instituição, estado, cidade etc. Sua origem remonta ao tempo das lutas medievais, quando, ao som das buzinas, os cavaleiros iam para o combate. Ao final da disputa, o arauto anunciava os vencedores tocando clarim e, em seguida, blasonava seus escudos.

Apesar de sua origem feudal, o brasão passou a ser dado pelo soberano aos seus súditos como forma de honraria, distinção e reconhecimento. Com o tempo, esse conceito foi evoluindo nos diversos países, dando origem aos escudos ou brasões de armas nacionais. Com linguagem, simbologia e regras próprias, o brasão é o galardão da nação, representando sua história, tradição e grandeza.

Armas Nacionais

No Brasil, a origem do Brasão Nacional, oficialmente chamado de Armas Nacionais, tem o seu princípio na Heráldica, ciência que se utiliza de símbolos e insígnias para retratar a história e a tradição. As primeiras bandeiras nacionais tinham ao centro o escudo de armas, que foi substituído em 1889 pelo emblema da República.

As Armas Nacionais representam a glória, a honra e a nobreza do Brasil, e foram criadas pelo Decreto nº 4, de 19 de novembro de 1889, na mesma data que a Bandeira Nacional. No entanto, o documento limitou-se a apresentar um desenho do Brasão Nacional, sem descrevê-lo. Foi somente com a chegada da Lei nº 5.443, de 1968, que se estabeleceu a definição exata desse símbolo nacional.

As armas são formadas por escudo redondo sobre uma estrela de cinco pontas e uma espada. Também há, no centro, o Cruzeiro do Sul; à esquerda, um ramo de café; e à direita, um de fumo. Em linguagem heráldica, as Armas Nacionais são descritas como um escudo redondo constituído em campo azul-celeste, contendo cinco estrelas de prata, dispostas na forma da constelação do Cruzeiro do Sul, com a bordadura do campo perfilada de ouro, carregada de estrelas de prata em número igual ao das estrelas existentes na Bandeira Nacional. O escudo é pousado numa estrela partida-gironada de dez peças de sinopla e ouro, bordada de duas tiras, a interior de goles e a exterior de ouro. O todo brocante sobre uma espada, em pala, empunhada de ouro, guardas de blau, salvo a parte do centro, que é de goles e contendo uma estrela de prata que figura sobre uma coroa formada de um ramo de café frutificado, à destra, e de outro de fumo florido, à sinistra, ambos da própria cor, atados de blau, ficando o conjunto sobre um resplendor de ouro, cujos contornos formam uma estrela de vinte pontas. E em listel de blau brocante sobre os punhos da espada, está inscrita em ouro a legenda "República Federativa do Brasil", no centro, e ainda as expressões "15 de novembro", na extremidade destra, e "de 1889", na sinistra.

Para melhor compreensão, a linguagem heráldica pode ser assim "traduzida":

- **Atados de blau** - presos por uma fita azul.
- **Blau** - cor azul (mais escuro que o azul-celeste; por esse motivo existem dois tons de azul nas Armas Nacionais).
- **Bordadura** - é uma cercadura externa que pode acompanhar um brasão ou peça (peça é qualquer parte ou figura do escudo).
- **Brocante** - o mesmo que pousado.
- **Campo** - é a cor que consta no fundo do brasão.
- **Carrega de vinte e duas estrelas** - contendo vinte e duas estrelas.
- **Destra** - lado direito (note que, em Heráldica, o lado direito corresponde à esquerda do observador).
- **Em pala** - colocado no sentido vertical.
- **Espada empunhada de ouro** - espada com os punhos (isto é, o cabo) dourados.
- **Estrela partida-gironada** - a estrela dividida no formato ao lado.
- **Goles** - cor vermelha.
- **Guardas** - parte da espada que separa a lâmina dos punhos.
- **Listel** - fita colocada abaixo do escudo, geralmente contendo uma inscrição.

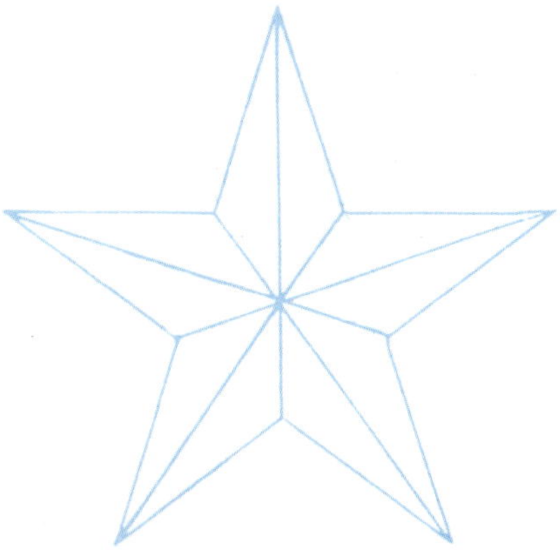

- **Ouro** - cor amarela ou dourada.
- **Perfilado** - que tem uma outra cor rodeando seu contorno (ou perfil).
- **Pousado** - colocado sobre alguma coisa.
- **Prata** - cor branca ou prateada.
- **Própria cor** - cor natural (no caso das Armas Nacionais, o ramo de café será verde, com frutos vermelhos; e o de fumo será de um verde mais claro, com as flores levemente rosadas).
- **Resplendor de ouro** - fundo formado por traços dourados, sobre o qual estão colocadas todas as partes que formam o brasão de armas.
- **Sinistra** - lado esquerdo (direito do observador).
- **Sinopla** - cor verde.

O uso das armas é obrigatório no palácio da Presidência da República e na residência do presidente da República; nos edifícios-sede dos Ministérios; nas casas do Congresso Nacional; no Supremo Tribunal Federal, nos Tribunais Superiores e nos Tribunais Federais de Recursos; nos edifícios-sede dos Poderes Executivo, Legislativo e Judiciário dos Estados, Territórios e Distrito Federal; nas Prefeituras e Câmaras Municipais; na frontaria dos edifícios das repartições públicas federais; nos quartéis das forças federais de terra, mar e ar e das polícias militares e corpos de bombeiros militares, nos seus armamentos, bem como nas fortalezas e nos navios de guerra; na frontaria ou no salão principal das escolas públicas; nos papéis de expediente, nos convites e nas publicações oficiais dos órgãos federais.

As Armas Nacionais estão no Pavilhão Nacional que, quando hasteado nos palácios, indica a presença do presidente da República.

Selo Nacional

Também instituído pelo Decreto nº 4, de 19 de novembro de 1889, o Selo Nacional é destinado a assinalar os atos do Poder Executivo, juntamente com o sinete do presidente da República. Sua finalidade é a autenticação dos documentos oficiais, podendo ser impresso ou carimbado, por isso não possui uma cor própria, sendo sua cor a mesma da tinta que for utilizada. Seu uso é obrigatório em qualquer documento oficial, diplomas e certificados de escolas oficiais ou oficializadas.

O Selo Nacional reproduz a esfera central que existe na Bandeira Nacional, envolta por um círculo, no qual se nota a inscrição: "República Federativa do Brasil" e, no sentido oblíqüo decrescente, ao centro, "Ordem e Progresso". A principal mudança deste símbolo nacional foi a nova denominação do País, de República dos Estados Unidos do Brasil, desde a proclamação da República em 1889, para República Federativa do Brasil.

CAPÍTULO IV
Símbolos Históricos

Evidentemente, quando falamos de um país, devemos começar contando o início da sua história, e entender a forma como tudo iniciou. No caso do Brasil, a certidão de batismo registra seu nascimento histórico em 21 de abril de 1500, dia em que a frota portuguesa comandada por Pedro Álvares Cabral fez o primeiro reconhecimento da nossa terra, como descrevem alguns documentos. O início da aventura começou no dia 9 de março de 1500, quando treze caravelas deixaram o rio Tejo na capital portuguesa, Lisboa, e tomaram o rumo das ilhas de Cabo Verde, no Atlântico. A partir daí, existem controvérsias sobre as reais intenções da coroa portuguesa e de Pedro Álvares Cabral, que tinha cerca de 30 anos de idade. Alguns estudiosos afirmam que os portugueses haviam estado em terras brasileiras e que a missão de Cabral era tomar posse efetiva do novo território. Outros defendem a teoria de que a frota rumava para as Índias e, colhida de surpresa por fortes correntes marítimas que passam ao largo das ilhas de Cabo Verde, foi conduzida inesperadamente para o continente americano.

Por que fomos descobertos pelos portugueses?

No período que antecede a passagem do século XV para o XVI, haviam grandes potências econômicas e marítimas. Entre elas a Inglaterra, a Espanha e a Itália, representada especialmente pelos genoveses, seguidas da França e de algumas regiões do Império turco-otomano. Então fica a pergunta: por que os portugueses chegaram antes? Essa resposta é composta por um conjunto de fatores favoráveis que permitiram a Portugal descobrir e colo nizar a nossa terra. Não podemos esquecer que a experiência portuguesa de grandes navegações e de comércio internacional era muito significativa. Alguns países do Mediterrâneo e especialmente as Índias consolidavam-se como grandes entrepostos comerciais fornecedores de produtos orientais, mormente especiarias. Por isso, o país buscava em suas novas conquistas a obtenção de ouro para utilizar como moeda forte de troca e as especiarias, como ervas aromáticas e pimentas. Uma curiosidade sobre esse grande interesse pelos condimentos é que, nessa época, os europeus abatiam seu

rebanho bovino no final do verão, quando os pastos começavam a desaparecer, e armazenavam enormes quantidades de carne para todo o inverno, utilizando para conservá-las apenas o sal, o fumo e o sol. Esse método de conservação, no entanto, não era totalmente eficaz. Além de alterar por completo o sabor da carne, muitas vezes ela apodrecia e assim mesmo era consumida, com um gosto insuportável. A descoberta dos condimentos transformou-se numa revolução gastronômica e no renascimento do prazer de comer carne com sabores agradavelmente exóticos. Outro fator importante para a expansão portuguesa foi o desenvolvimento de sua indústria naval, ajudada pelo posicionamento geográfico do país (rodeado por correntes marítimas favoráveis). O desenvolvimento do astrolábio, instrumento indispensável para determinar o posicionamento das frotas a partir da observação dos astros no céu, e a construção da caravela (embarcação leve e rápida capaz de ancorar próxima à terra sem o perigo de encalhar) deram vantagem aos portugueses, ampliada pelo uso natural das correntes marítimas, que substituíram satisfatoriamente a ausência de tecnologias de navegação mais desenvolvidas. Além disso, a expansão das fronteiras com a conquista de novas colônias foi transformada em objetivo comum de todos em Portugal, que possuía a vantagem de ser um reino unificado e sem rebeliões, diferentemente da maioria das grandes potências da época. Apesar de interesses bem distintos, todos os estratos sociais portugueses viam vantagens em lançar o país em grandes conquistas além-mar. O reino enxergava a possibilidade de expandir seu poder e ampliar suas riquezas; os comerciantes vislumbravam novos e promissores mercados. A nobreza permutava favores, títulos e cargos nas novas províncias por serviços prestados ao rei. Os integrantes da igreja se prontificavam a catequizar os colonizados em troca de recompensas reais; e até mesmo a população desafortunada via nas viagens a outras terras a única forma de melhorar sua vida miserável.

Independência ou Morte

Para chegar até o dia 7 de setembro de 1822, data da proclamação da Independência do Brasil, o país precisou de muitos anos para amadurecer uma consciência de liberdade e de unidade nacional.

O Brasil não vivenciou uma grande revolução como em outros países, mas registrou em sua história uma série de movimentos regionalizados que deram origem ao grito de Independência. Na verdade, o fato motivador desses movimentos foram as constantes interferências da Coroa portuguesa na vida da colônia, ampliando o controle sobre a produção e reduzindo as possibilidades de crescimento comercial e industrial.

A maioria das indústrias era proibida e quase tudo produzido no Brasil destinava-se ao embarque para Portugal. O pouco que ficava era dizimado pelas altas cargas tributárias. Com isso, praticamente todas as classes sociais começaram a se mobilizar para conquistar a independência, embaladas pelo sonho de uma vida melhor.

Entre os movimentos rebeldes, o mais famoso foi a Inconfidência Mineira, da qual Joaquim José da Silva Xavier, o Tiradentes, tornou-se o personagem mais conhecido. Sua morte é reverenciada até hoje com o feriado de 21 de abril. Participaram, também, muitos nobres que estudaram na Europa e trouxeram os ideais de libertação. Ao decretar a prisão dos conspiradores, promove um demorado julgamento que culminou com a sentença de morte por enforcamento de Tiradentes em 1792, o governo português criou um mártir e um herói nacional. As cenas de violência do seu esquartejamento provocaram ainda mais revolta, com efeito inverso ao desejado.

Joaquim José da Silva Xavier, o Tiradentes

Pouco depois, em 1808, a família real portuguesa mudaria para o Brasil, fugindo de Napoleão, transformou-se o país na sede da coroa. No rastro dessa mudança, vieram outras importantes, como a abertura dos portos ao comércio com as nações amigas, o incentivo à instalação de indústrias e o fim de alguns impostos.

D. João

D. Pedro I

Em 1814, a guerra na Europa terminou e a derrota de Napoleão trouxe a necessidade de reorganização do império português, que reassumiu os destinos políticos do seu território. No entanto, d. João permaneceu no Brasil até abril de 1821, quando decidiu retornar a Portugal com medo de perder seu direito ao trono, que vinha sendo administrado por representantes das Cortes portuguesas.

Diversas medidas adotadas por essas Cortes desagradavam cada vez mais as lideranças no Brasil, que viam o País perder suas conquistas políticas e econômicas. Talvez a gota d'água tenha sido a exigência de Portugal para que o príncipe regente, d. Pedro, deixasse a colônia e voltasse para a Europa. Em 9 de janeiro de 1822, conhecido historicamente como o Dia do Fico, d. Pedro decidiu permanecer no Brasil e deu início a uma série de medidas que estimulariam ainda mais o movimento pela independência.

Entre essas medidas estava a convocação de uma Assembléia Constituinte, que imediatamente foi rechaçada pela Coroa portuguesa, que mais uma vez exigiu a volta do príncipe regente a Portugal, escoltado por tropas fiéis. Mas, d. Pedro decidiu tratar essas tropas como inimigas. Pouco tempo depois viajou para São Paulo e, no caminho, foi interceptado por um mensageiro que levava notícias sobre as Cortes e suas determinações autoritárias. Cansado das ingerências portuguesas, ali mesmo onde estava, às margens do riacho do Ipiranga em São Paulo, d. Pedro proclamou a Independência do Brasil, no dia 7 de setembro de 1822.

Curioso é que para ter sua independência reconhecida, o Brasil precisou criar uma dependência econômica com a Inglaterra, dando início à sua dívida externa com a contratação do primeiro empréstimo, no valor de dois milhões de libras. Esse dinheiro serviu para indenizar Portugal pela perda da colônia, como parte de um acordo intermediado pelos ingleses e extremamente favorável a eles.

O Império brasileiro e o advento da República

D. Pedro II

Após a guerra do Paraguai (1864-1870), o Brasil de D. Pedro II começou a viver dias de instabilidade política, com o confronto de interesses bastante díspares. Entre os militares, uma força muito importante no final do império, havia correntes distintas: umas favoráveis à monarquia, e outras, à criação de uma república. Na sociedade civil, parte dos beneficiados pela proximidade com o poder real era francamente fiel ao imperador, mas outra parcela mais progressista, engrossada pelo grupo de burgueses plantadores de café, estimulava os movimentos pró-república.

No entanto, o aumento do descontentamento militar, em especial no Rio Grande do Sul, e a preocupação com a sucessão do trono imperial que, pela linha direta, seria dado à princesa Isabel, casada com o conde d'Eu, um francês que não despertava qualquer simpatia entre os brasileiros, culminaram com uma reunião entre o marechal Deodoro da Fonseca e personalidades republicanas, como Quintino Bocaiúva, Rui Barbosa e Benjamim Constant, entre outros, com o objetivo de convencê-lo a derrubar o regime monárquico. Isso ocorreu na madrugada do dia 15 de novembro de 1889, quando Deodoro da Fonseca assumiu o controle do Ministério da Guerra, depôs o imperador, exilou a família real e decretou a criação da República brasileira.

Entre os próprios militares, uma parcela era favorável à Monarquia, mas outra apoiava a República.

As capitais do Brasil

O País teve algumas capitais ao longo de sua história. Salvador, atual capital do Estado da Bahia, foi a primeira capital oficial do Brasil, fundada por Tomé de Sousa, um fidalgo português que tinha a missão de tomar posse efetiva da colônia em nome de Portugal e enviar para a Coroa as riquezas aqui produzidas que, ao contrário do que a maioria pensa, que correspondia a 3% do que Portugal conseguia com o comércio internacional e com suas outras colônias. Salvador foi mantida como capital até 1763.

O Rio de Janeiro foi a segunda capital do Brasil e experimentou um crescimento bastante acentuado a partir de1808, com a chegada de d. João e da família

Salvador

Rio de Janeiro

Brasília

real, e a transferência da sede da Corte portuguesa para o Brasil. O motivo dessa urgente mudança foi a guerra da França contra a Inglaterra. Para manter o bloqueio econômico imposto aos ingleses, Napoleão mandou suas tropas marcharem contra Portugal, o último aliado europeu da Inglaterra que ainda não havia sido dominado. Para fugir da derrota diante do poderio bélico napoleônico, d. João refugiou-se no Brasil e passou a comandar o reino português a partir do nosso País.

Brasília, situada no interior do Estado de Goiás, foi planejada e construída para ser um Distrito Federal autônomo dentro do território nacional, com a função de abrigar a definitiva capital do Brasil. Sua construção foi iniciada no final da década de 1950, por determinação do então presidente Juscelino Kubitschek. Brasília foi inaugurada no dia 21 de abril de 1960, a partir de um projeto inovador do arquiteto Oscar Niemeyer e do urbanista Lúcio Costa, que deu à cidade um formato de avião.

Patrimônios da Humanidade

Em 1972, a Organização das Nações Unidas para a Ciência e a Cultura (Unesco) criou a Convenção do Patrimônio Mundial para incentivar a preservação de bens culturais e naturais considerados significativos para a humanidade. É parte de um esforço internacional na valorização de bens, que por sua importância para a referência e identidade das nações possam ser considerados patrimônio de todos os povos.

A proteção e conservação dos bens declarados patrimônio da humanidade é compromisso do país nas quais se localizam. A Unesco apóia ações de proteção, pesquisa e divulgação com recursos técnicos e financeiros do Fundo do Patrimônio Mundial. No Brasil, as seguintes localidades são tombadas como patrimônio da humanidade:

São Luís

São Luís do Maranhão, ou *Upaon-Açu* (Ilha Grande), como a chamavam seus habitantes nativos, os índios Tupinambás, foi bastante disputada. Primeiro chegaram os franceses, em 1612. O nome da cidade, inclusive, é uma homenagem ao rei-menino Luís XIII. Nesse local pretendiam fundar ali a França Equinocial. Foram recebidos pelos pacíficos Tupinambás, que os batizaram de papagaios amarelos, talvez pela cor e por falarem bem mais que seus anfitriões. Mas a paz não durou muito, porque logo depois os holandeses invadiram o local. Entretanto, em 1615, os portugueses acabaram com a confusão, tomando posse definitivamente da ilha de São Luís.

Resultado: embora nascida francesa, São Luís guarda poucas evidências da presença de seus fundadores, à exceção de alguns nomes de ruas e monumentos - como o belo palácio La Ravardière - e uma certa delicadeza na culinária. Mas os principais traços da cidade são herdados dos portugueses: o incrível casario azulejado e os inúmeros sobrenomes de origem lusitana, entre outras influências.

Cidade histórica de São Luís

Construídos nos séculos XVIII e XIX, com grossas paredes de pedra, os sobradões coloniais de dois, três e quatro pavimentos (estes raramente encontrados em outro lugar) ainda preservam as fachadas de azulejos trazidos de Portugal e de outros países europeus. As ruas pavimentadas com pedra de cantaria, as calçadas em pedras de lioz e a iluminação especial (nos bairros da Praia Grande e Desterro) completam o cenário de época fascinante. Em 1997, São Luís recebeu da Unesco o título de patrimônio cultural da humanidade, um reconhecimento à preservação do magnífico e homogêneo conjunto arquitetônico colonial da América Latina dos séculos XVIII e XIX. São mais de 3.500 edificações de inigualável valor histórico e artístico, que retratam o modo de vida das antigas famílias abastadas da cidade.

Ouro Preto

Cidade histórica de Ouro Preto

Não se sabe ao certo quem ou quando foi descoberta a primeira pedra de ouro na região de Ouro Preto, Minas Gerais. Corria algum dia entre 1693 e 1698. Naqueles idos, bandeirantes adentravam as montanhas de Minas em busca da lendária serra de Sabarabuçu, relatada pelos índios. E encontraram as pedras escuras, enquanto exploravam o rio Tripuí (água veloz, em tupi). A amostra chegou às mãos do governador no Rio de Janeiro, que já havia recebido outras anteriores das minas de Itaverava. Constatado seu valor, deu-se início à corrida. A fábula povoou a imaginação de aventureiros, que entraram nas matas num sobe-e-desce em busca do pico chamado Itacorumi (pedra-menino), hoje Itacolomi. Aos seus pés estavam as tão sonhadas minas. A bandeira de Antônio Dias, em 1698, foi a primeira a chegar. A fundação de um primitivo arraial ocorreu no morro de São João, onde também foi celebrada a primeira missa pelo padre João de Faria Fialho. Um grupo relativamente pequeno, que depois se multiplicaria aos milhares. Trinta anos depois a cidade contaria perto de 40 mil pessoas, a maior aglomeração de toda a América Latina. Foi quando começaram os confrontos.

Entre 1708 e 1709 ocorreu o primeiro grande conflito, envolvendo essencialmente paulistas e portugueses: a Guerra dos Emboabas. Ambos defendiam terem direitos legítimos sobre o eldorado, reivindicando a concessão de terras e minas. Ainda em 1709 seria criada a Capitania de São Paulo e Minas de Ouro, tendo Mariana como capital. Dois anos mais tarde os núcleos de Ouro Preto, Antônio Dias, Ouro Podre e Padre Faria foram elevados à categoria de vila. Nascia a Vila Rica de

Albuquerque. Minas crescia e em 1720 tornou-se capitania autônoma, sendo a capital transferida para Vila Rica. Encontrava-se ouro como em nenhum outro lugar, fazendo as lendas do rei Salomão parecerem ingênuos contos infantis. A festa para celebrar o translado do Santíssimo Sacramento (1733), da igreja do Rosário para a matriz do Pilar, marcou época. O fausto durou até 1750. A partir dessa época o ouro começou a escassear. A Coroa intensificou a fiscalização, combatendo o contrabando (muito grande), forçando, os mineradores a garantirem as cotas estabelecidas de impostos. A opressão culminou com a Inconfidência Mineira, movimento rechaçado duramente por Portugal. Vila Rica virou imperial cidade de Ouro Preto em 1823, e permaneceu como capital da Província de Minas Gerais até 1897, ano da inauguração de Belo Horizonte.

Goiás

Cidade pacata, que preserva e cultiva sua tradições, Goiás, antiga capital do Estado, ganhou o título de patrimônio cultural da humanidade, concedido pela Unesco, no dia 27 de junho de 2001. A história de Goiás, hoje conhecida também como cidade de Goiás ou Goiás Velho, confunde-se com os primeiros passos do Estado de mesmo nome. Nas primeiras décadas do século XVIII, começaram a chegar à região bandeirantes paulistas motivados pela descoberta de ouro. Dos diversos arraiais criados em torno dos locais de exploração do mineral, destacou-se o arraial de Sant'Ana, fundado às margens do rio Vermelho em 1722 por Bartolomeu Bueno da Silva, conhecido como Anhangüera. Em 1736, o rei de Portugal, com a intenção de cobrar impostos e controlar o contrabando de ouro, além de defender o território dos colonizadores espanhóis, decidiu fundar a Vila Boa de Goiás. A nova cidade tornou-se sede da Capitania das Minas de Goiás, desmembrada da de São Paulo. O arraial de Sant'Ana foi incorporado em seguida. O nome Goiás é uma homenagem aos antigos ocu-pantes das terras, os índios Goiases. A exploração do ouro de aluvião (encontrado nas margens dos rios) entrou em decadência na segunda metade do século XVIII, justamente quando as concentrações de população começavam a se organizar e as principais edificações da cidade foram construídas. Uma das justificativas para a simplicidade da arquitetura local está na decadência econômica dessa fase.

Cidade histórica de Goiás

Com a população predominante de negros e mulatos, a cidade passou a crescer independente das explorações e ocupações desordenadas dos bandeirantes. Capital do Estado até 1930, quando ocorreu a transferência para a recém-fundada Goiânia, Goiás é a cidade goiana com maior número de construções protegidas. Tombada pelo Patrimônio Histórico Nacional desde 1978, a cidade vem passando por diversas reformas ao longo dos últimos anos, numa tentativa de manter intacto seu aspecto colonial e oferecer melhor infra-estrutura a moradores e turistas.

Destacam-se a restauração das igrejas Santa Bárbara e matriz de Santana e do Museu de Arte Sacra, além da retirada de postes e fios elétricos, agora subterrâneos, e da elaboração de inventários dos bens culturais da cidade. Goiás possui cerca de 485 imóveis tombados, numa área urbana de 40,3 hectares, e 1.200 bens móveis, como obras de arte e mobílias.

Diamantina

A descoberta de ricas jazidas de ouro próximas à cidade do Serro, entre os rios Grande e Piruruca, atraiu os primeiros exploradores à região da atual Diamantina, em Minas Gerais. Em 1713 foi fundado o arraial do Tijuco (em tupi, lama).

O grande impulso para o crescimento urbano e econômico do arraial foi a descoberta de jazidas de diamante por volta de 1720. Bernardo da Fonseca Lobo, reconhecido como o primeiro a encontrar a pedra, levou em 1726 alguns diamantes ao governador da Capitania, sediada em Ouro Preto, e a notícia logo chegou à coroa portuguesa.

Em 1729, o rei D. João V cancelou todas as concessões e instituiu o monopólio particular na extração da pedra, que até então vinha sendo explorada livremente. Foi fundado o Distrito Diamantino, com sede no Tijuco e subordinado à comarca do Serro Frio, com a função de oficializar o controle da extração.

A Intendência dos Diamantes foi implementada em 1734 e marcou mais um passo da coroa na tentativa de regular o fluxo de riquezas na região. O processo culminou com a criação, em 1771, da Real Extração dos Diamantes, que estabeleceu um monopólio oficial.

Cidade histórica de Diamantina

A partir da segunda metade do século XIX, Diamantina (nome que a

vila recebera em 1831), com o esgotamento das jazidas, inicia um período de decadência econômica. Companhias estrangeiras ainda exploraram as lavras com a ajuda de máquinas, num investimento que se mostrou inviável após a descoberta de grandes jazidas na África do Sul. Intensificou-se então a agricultura de subsistência e, já no início do século XX, a indústria têxtil surgiu como nova opção econômica.

Ainda que as ruas e becos estreitos do núcleo urbano da cidade remetam ao traçado irregular que caracteriza outras cidades da época, Diamantina apresenta algumas características urbanas particulares. Nota-se, por exemplo, a ausência de praças e grandes prédios públicos. A arquitetura das igrejas também é diferente da encontrada em outras cidades históricas, como Ouro Preto. Ao invés das rebuscadas formas que caracterizam o barroco, seu estilo marcante é mais simples e elegante. Em geral, essas igrejas foram construídas em meio às casas, numa posição que não valoriza sua amplitude arquitetônica e reduz seu papel de referência social para a cidade.

Diamantina chamou a atenção da Coroa com a descoberta de jazidas de diamante, que deram origem ao seu nome.

Olinda

O conjunto arquitetônico, urbanístico e paisagístico de Olinda, Pernambuco, foi tombado pelo governo federal em 1968. Em 1982, a cidade foi considerada pela Unesco parte do patrimônio mundial, cultural e natural. O centro histórico de Olinda conserva o traçado urbano e a paisagem da vila fundada em 1535, por Duarte Coelho Pereira, quando os portugueses iniciaram a ocupação do Brasil.

O ciclo da cana-de-açúcar transformou Olinda num dos mais importantes centros do Brasil colonial. Com a conquista de Pernambuco pelos holandeses em 1630, a cidade foi incendiada e a capital transferida para Recife.

Situada à beira-mar, a cidade acomoda-se sobre oito colinas interligadas, em seus topos, por ruas e ladeiras íngremes, comunicando-se nas proximidades dos rios Capibaribe e Beberibe.

O casario colorido, característico do povoamento português colonial, e a imponência de suas igrejas brancas destacam-se contra o verde intenso da vegetação tropical e o azul-turmalina do mar.

A paisagem e a arte reúnem-se admiravelmente em Olinda. A riqueza das vinte igrejas e conventos barrocos, notáveis por sua arquitetura e pela qualidade dos elementos decorativos, soma-se ao singelo casario, com fachadas de azulejos e balcões de treliça.

Do seu precioso acervo arquitetônico destacam-se: a igreja da Sé (1537), a igreja de Nossa

Centro histórico de Olinda - PE

Senhora da Misericórdia (1540), a igreja de São Francisco (1577), o mosteiro de São Bento (1582) e o Museu de Arte Sacra, localizado no antigo palácio episcopal (1676).

As ruínas da Igreja de São Miguel das Missões

Os remanescentes do antigo povoado de São Miguel Arcanjo localizam-se no município de São Miguel das Missões, no Rio Grande do Sul, em antiga região espanhola, a Província Jesuítica do Paraguai, e foram considerados patrimônio mundial pela Unesco em 2 de dezembro de 1983.

Os padres jesuítas fundavam aldeamentos chamados reduções, onde passavam a habitar os índios Guaranis catequizados durante a Conquista Espiritual. Foram criados trinta povoados, sete dos quais hoje localizados em território brasileiro, que adaptavam as regras de povoação da coroa espanhola ao modo de viver guarani.

Organizados ao redor de uma praça, tinham na igreja a principal edificação. Junto, estavam a residência dos padres, o colégio, as oficinas, o cemitério e o cotiguaçu, lar das viúvas e órfãs.

A igreja de São Miguel das Missões, do período final da arquitetura barroca, foi iniciada em 1735, e sua construção durou cerca de dez anos. Foi edificada em pedra de arenito, em três etapas: a nave, a torre e o pórtico. Registros da época descrevem a decoração de seu interior com altares em talha, dourados, e inúmeras esculturas feitas pelos índios, em madeira, muitas atualmente no Museu das Missões.

A Missão de São Miguel, assim como as demais, obedecia, com pequenas diferenças, ao plano geral estabelecido pela coroa espanhola nas *Leyes de Indias - de la población de las ciudades, villas e pueblos*. O traçado desenvolvia-se em torno de uma praça quadrangular, medindo aproximadamente 130 metros de lado. A igreja, toda de pedra e precedida de pórtico, volta-se para o norte, a um lado da praça. A construção do colégio ficava situada ao lado direito da igreja. À esquerda, o cemitério, que se comunicava com a igreja através de uma porta lateral, fazendo também frente à praça. Os outros três lados da praça eram cercados pelas casas dos índios, dispostas em anfiteatro e separadas por nove ruas que partiam da praça. À esquerda do cemitério ficava o prédio do hospital, com pátio interno, cercado por varandas. O edifício do Cabildo (prefeitura) situava-se em um dos blocos localizados

Ruínas jesuíticas-guaranis, de São Miguel das Miss˜øes - RS

ao lado oposto à igreja, junto à praça. Nos fundos da igreja, desde o colégio até o cemitério, ficava a quinta dos padres, murada de pedra e barro, com jardim, pomar e horta. Todas as construções eram circundadas por avarandados, que permitiam a circulação coberta em toda a cidade.

Salvador

Fundada por Tomé de Sousa em 1549, Salvador situa-se entre o mar e as colinas da Baía de Todos os Santos. Sua organização assemelha-se às cidades do Porto e Lisboa, com forte caráter defensivo, próprio do século XVII. Ao nível do mar, a Cidade Baixa forma estreita faixa entre o litoral e uma escarpa, delimitando a Cidade Alta. Salvador foi por duzentos anos sede do governo geral do Brasil. A Bahia teve seu desenvolvimento econômico vinculado ao ciclo de exportação do açúcar e, mais tarde, ao do ouro e dos diamantes.

Cidade histórica, de expressivo acervo artístico e vibrante cultura popular, como o carnaval e as festas afro-religiosas, preserva os traços de sua fundação.

Os espaços públicos - praça Municipal, terreiro de Jesus, caminho de São Francisco, largo do Pelourinho, largo do Boqueirão e largo de Santo Antônio - e os traçados das ruas, ladeiras e becos formam um dos mais ricos conjuntos urbanos de origem portuguesa do Brasil.

Como principal atração turística do centro histórico de Salvador, o Pelourinho, na Cidade Alta, reúne construções dos séculos XVII, XVIII e XIX, e retrata a força da cultura africana no cotidiano.

Fora do centro histórico destacam-se outros monumentos, como a catedral da Sé, o mosteiro de São Bento, a Ordem Terceira de São Francisco e a do Bonfim; os museus de Arte Sacra e o da Prata; os fortes da Barra, de Monte Serrat e de São Marcelo; o Solar do Unhão; palácios e terreiros de candomblé, como o da Casa Branca do Engenho Velho - a primeira casa de culto aos orixás fundada no Brasil.

Além da riqueza de sua arquitetura, Salvador destaca-se como expressivo centro de atração cultural, tanto nas letras como nas artes. Sua culinária é famosa em todo o mundo, sendo um dos traços marcantes da cultura negra, assim como as festas populares, com destaque para o carnaval de rua, e as festas de caráter religioso, nas quais o negro também se faz presente com o candomblé, trazido pelos escravos africanos e por meio do qual se cultuam os orixás, divindades ligadas à natureza. Primeira cidade fundada no Brasil, em 1549, como sede do Governo Geral, Salvador teve, desde o início, a missão de

Centro histórico de Salvador - BA

ser o pólo de colonização da América portuguesa. Segundo o edital do primeiro governador geral, Tomé de Sousa, as demais capitanias dependiam dela. Salvador foi mais que centro político-administrativo; foi o pólo econômico do ciclo da cana-de-açúcar e do tabaco. Sediou o governo geral até 1763, quando a capital da colônia foi transferida para o Rio de Janeiro. Após essa mudança e com a abertura dos portos (1808), Salvador cresceu como centro exportador e importador de escravos e de produtos manufaturados europeus.

O centro histórico de Salvador é o maior conjunto arquitetônico de origem portuguesa do Brasil.

Congonhas do Campo

Santuário do Senhor Bom Jesus de Matosinho
Congonhas do Campo - MS

O santuário do Bom Jesus de Matosinhos é a obra-prima de Antônio Francisco Lisboa, o Aleijadinho, iniciada em 1757. Encomendada pelo imigrante português Feliciano Mendes, em agradecimento pela cura de uma doença grave, reuniu reconhecidos artistas que trabalharam na construção da capela-mor, até 1773.

O conjunto é formado pela capela de Bom Jesus, pórtico, imponentes escadarias, muros e parapeitos do adro e outras seis capelas, dispostas ao longo do caminho que leva ao santuário, localizado no alto de uma colina. Constitui-se num expressivo espaço do barroco brasileiro. As capelas têm em seu interior a representação de sete passos da paixão de Cristo. O movimento, a perfeição dos traços e a expressão das figuras evocam cenas de drama teatral. As imagens foram esculpidas em madeira por Aleijadinho e pintadas por Manuel da Costa Ataíde.

O adro com os doze profetas - Isaías, Baruch, Jeremias, Ezequiel, Daniel, Oséias, Joel, Amós, Abdias, Jonas, Naum e Habacuc - foi a última etapa do conjunto, realizada entre 1800 e 1805. As grandes esculturas em pedra-sabão, situadas nesse pequeno espaço, criam perspectivas que o transformam num cenário monumental.

Parque Nacional do Iguaçu

Naquelas paragens densamente povoadas pelos Guaranis, os primeiros homens brancos que contemplaram as cataratas do Iguaçu (água grande, em Guarani) foram os expedicionários comandados por Cabeza de Vaca, conquistador espanhol, que batizou-as de saltos de Santa Maria.

Criado em 1939, o Parque Nacional do Iguaçu está localizado na região de fronteira do Brasil e Argentina, na qual o rio Iguaçu desemboca no Paraná. Forma uma unidade de conservação do Instituto Brasileiro do Meio Ambiente e dos Recursos Naturais Renováveis (Ibama), em conjunto com o Parque Nacional localizado no território argentino. É o mais conhecido dos parques nacionais brasileiros, com uma área de 170.086 hectares, e recebe acima de um milhão de visitantes por ano. A floresta tropical cobre quase a totalidade do Parque, com árvores de grande porte como figueiras-bravas, cedros, angicos, canelas, açoita-cavalos, cabreúvas, paus-marfim e paus-rosa. A fauna é bastante representativa, porém com espécies reduzidas a pequenas populações, como a anta, a capivara, a lontra, o guaxinim, o veado-mateiro e a paca. Entre os grandes predadores, estão a onça-pintada e a suçuarana. O jacaré-de-papo-amarelo, ameaçado de extinção, é o maior dos répteis que habitam o Parque.

Parque Nacional do Iguaçu
Foz do Iguaçu - PR

Mais de duzentas espécies de aves são encontradas ali, como a arara, o tucano, o gavião, o beija-flor e o jaburu. Os rios abrigam uma grande variedade de peixes, com destaque para o dourado, o surubi, o curimatã, o lambari e a piranha.

As cataratas ficaram no anonimato por séculos, conhecidas apenas por índios e exploradores. Hoje esse inigualável patrimônio é desfrutado por admiradores vindos de diferentes regiões do Brasil e do exterior. Impressionantes por sua grandeza, as cataratas do Iguaçu, de 160 a 260 saltos, dependendo do nível das águas, com descarga aproximada de 5 mil metros cúbicos de água por segundo, precipitam-se a uma altura de 80 metros por 2,7 quilômetros de perímetro. O barulho causado pelas quedas d'água pode ser ouvido a quilômetros de distância, e a violência das águas que batem na rocha dá origem a uma constante nuvem de vapor. A parte central do grande barranco em "u" tem forma de ferradura: é a Garganta do Diabo, por onde desce o curso principal do rio Iguaçu.

A riqueza natural das Cataratas do Iguaçu é um patrimônio que atrai turistas do mundo todo.

Brasília

Brasília concretizou o pensamento urbanístico internacional dos anos 50 e traduziu os princípios da Carta de Atenas de 1933, lançada por famosos arquitetos modernistas. Em 1823, José Bonifácio de Andrada e Silva propôs a criação de uma nova capital no interior do País, designando a Comissão Cruls para definir sua localização. A cidade, inaugurada em 1960, foi construída a partir do concurso público lançado pelo presidente Juscelino Kubitschek, em 1957. Em Brasília convivem formas espaciais e tempos históricos variados, representados por antigas fazendas e cidades goianas e acampamentos pioneiros que reinterpretam os princípios modernistas. É a primeira cidade moderna considerada patrimônio mundial.

Lúcio Costa foi o vencedor do projeto urbanístico e Oscar Niemeyer, o autor dos principais projetos arquitetônicos da cidade. O plano-piloto de Brasília tem seu traçado disposto em dois eixos, abraçados pelo lago Paranoá e por uma extensa mancha verde. O Distrito Federal abriga o encontro de três importantes bacias hidrográficas, caracterizando a diversidade de paisagens de cerrado da região.

No eixo monumental localizam-se a praça dos Três Poderes, a esplanada dos Ministérios, a catedral metropolitana, além da sede do governo do Distrito Federal. Ao longo do eixo rodoviário alinham-se as superquadras residenciais, entremeadas por blocos de comércio e serviços. No cruzamento dos eixos situa-se a plataforma rodoviária.

Brasília reúne em si e expressa toda a diversidade de hábitos e costumes regionais brasileiros, criando uma geração ímpar, marcada por novos padrões culturais.

Catedral de Brasília

Parque Nacional Serra da Capivara

O Parque Nacional Serra da Capivara, no município de São Raimundo Nonato, sudeste do Piauí, foi criado em 1979. Seu objetivo é preservar vestígios arqueológicos do que seria a mais remota ocupação humana da América do Sul, há cerca de 50 mil anos. Nos mais de 400 sítios arqueológicos espalhados pelo Parque, numa área de 130 mil hectares, os vestígios deixados pelo homem pré-histórico são abundantes, com quilômetros de galerias de vários andares, cobertas por pinturas e gravuras rupestres.

Enormes pinturas coloridas permitem identificar alguns animais que viviam na região e atividades rituais e cotidianas dos antigos habitantes. Novas descobertas de vestígios materiais pelas pesquisas arqueológicas complementam as in-

Parque Nacional Serra da Capivara
São Raimundo Nonato - PI

formações sobre a vida no passado. A região do Parque é um lugar de rara beleza na paisagem árida do sertão piauiense. Em meio à vegetação densa da caatinga encontram-se cânions gigantescos, ilhas de florestas e cerrados, morros de mármore cinza e negro, além de lagoas e fontes naturais.

A formação que mais impressiona os visitantes é a da Pedra Furada, uma abertura de 15 metros de diâmetro num paredão com mais de 60 metros de altura, o cartão-postal do Parque.

A fauna e a flora são ricas e representativas da região. Jaguatiricas, tatus, mocós, seriemas, onças, gatos-do-mato, serpentes e morcegos convivem com mandacarus, xique-xiques, juazeiros e aroeiras. Há 70 milhões de anos, a região era coberta pelo mar, segundo as pesquisas, que provocaram uma revisão da história do homem no continente americano.

Pantanal Mato-grossense

O pantanal sul-mato-grossense é a mais extensa área úmida contínua do planeta, compreendendo aproximadamente 200 mil quilômetros quadrados de superfície. Essa região, maior do que os Estados de Pernambuco ou Santa Catarina, é uma imensa planície de áreas alagáveis, ela é parte da bacia do rio Paraguai. Na vazante do mar Xaraés, imenso mar interior, a área concentra alimentos naturais que irão sustentar toda a sua flora e fauna. É o período em que verdejam extensas e vigorosas pastagens.

O pantanal de Mato Grosso do Sul é reconhecido como uma das mais exuberantes e diversificadas reservas naturais do planeta, o que lhe conferiu o status de patrimônio mundial pela Unesco em 2000. Sabe-se que seus estoques vegetais superam similares de todo o mundo, por sua grandeza e extensão ambiental, mesmo que não tenham sido esgotados os estudos e levantamentos de classificação botânica.

Existem na região diferentes tipos de florestas estacionais de terras altas e baixas, aluviais, chaquenhas, bem como variadas espécies de sa-

Complexo de áreas protegidas do Pantanal

Complexo de áreas protegidas do Pantanal

vanas, cerrados, campos de matas e pastagens naturais. Toda a variada gama de vegetação, de solo e de relevo, a alternância do ciclo das águas, o clima e a insolação proporcionam ambiência favorável a uma produção alimentar notável, tanto no plano visível quanto no de micro vidas. Essa combinação de fatores cria condições ideais para a reprodução de animais. É, portanto, justificável que o pantanal concentre a maior densidade faunística da América. Distribuem-se harmoniosamente na área mais de 230 espécies de peixes, 80 de mamíferos e 50 de répteis. A coleção das aves aquáticas é considerada como das mais fascinantes do mundo, pela beleza e diversificação das espécies: são mais de 650 catalogadas. Na realidade, pouco se conhece dessa exuberante fauna, que está ameaçada de extinção pelas modificações introduzidas pelo homem em seu ambiente.

O turismo desponta como a mais promissora atividade regional. Riquíssima em manifestações culturais provocadas pelas suas variadas etnias, a tradição pantaneira alia-se a uma farta produção artística contemporânea, criando um caldo de cultura que seduz visitantes das mais diversas origens. A prática de esportes amadores desde pesca a safáris é também forte estímulo ao ecoturismo regional.

Parque Nacional do Jaú

O Parque Nacional do Jaú, sítio considerado patrimônio natural mundial pela Unesco, está localizado nos municípios de Novo Airão e Barcelos, a 220 quilômetros de Manaus, no Estado do Amazonas. É o maior parque nacional do Brasil e o maior do mundo em floresta tropical úmida e intacta. O nome Jaú, oriundo do Tupi (ya'u), denomina um dos maiores peixes brasileiros e também o rio que banha o Parque. Os limites naturais do parque são os rios Negro, Jaú e Carabinani; os igarapés Açu, Timbó-titica, Sebastião e Maruim; e os rios Pauini e Unini. O Parque é o único do Brasil que protege toda a bacia de um rio de água preta, o Jaú.

Parque Nacional do Jaú - AM

A região constitui uma importante amostra dos ecossistemas amazônicos. Os estudos botânicos desenvolvidos no Parque até o momento apresentam cerca de 400 espécies de plantas. Várias dessas espécies estão restritas a determinados ambientes ali encontrados. As matas de igapó e de terra firme possuem composições de plantas totalmente diferentes. Espécies como a macaricuia e o macucu do igapé só são encontradas em matas inundadas. Foram catalogadas 263 espécies de peixes, algumas não conhecidas pela ciência. Seu ecossistema não sofreu perturbação humana grave, com a presença impactante de garimpeiros ou madeireiros, o que lhe confere um ótimo status de conservação. Os problemas enfrentados na conservação da área são de ordem natural, como a derrubada de florestas pelo vento, a variação da inundação dos rios e as queimadas naturais nas áreas de campo aberto.

O Parque Nacional do Jaú é o maior parque nacional do Brasil e o maior parque do mundo em floresta tropical úmida e intacta.

Chapada dos Veadeiros

Possuindo o mais antigo patrimônio geológico do continente - a placa Araí, formada há 1 bilhão e 800 milhões de anos - a Chapada dos Veadeiros, em Goiás, é o ponto de maior luminosidade visto da órbita da Terra, segundo a Nasa.

Área de beleza inigualável, apresenta suas peculiaridades tanto no período de seca, como no de chuvas, atraindo as pessoas pelo misticismo e ecoturismo, pois é famosa pela energia espantosa que envolve a região, além das diversas cachoeiras, trilhas e paisagens. A Chapada dos Veadeiros abriga fauna e flora típicas do cerrado brasileiro. As rochas encontradas tornam os solos relativamente pobres. Em suas áreas de reduto, ou seja, as veredas, matas de galeria, áreas pantanosas e matas ciliares, encontram-se todas as classes de animais e vegetação. O clima do cerrado classifica-se como tropical de altitude, composto de duas estações: a seca e a chuvosa.

Parque Nacional do Jaú - AM

O cerrado possui cerca de 60.000 espécies de insetos, 935 de aves, 298 de mamíferos e 238 de répteis. As árvores do cerrado possuem forma sinuosa e torta, por causa da presença ou ausência de água e nutrientes. Nas partes mais altas predomina o latossolo amarelo, seguindo-se o vermelho, o vermelho escuro, o cinza e o negro. As folhas em geral são caducifólias, caindo durante o período da seca para evitar a perda de água pelas plantas. Caracterizam-se também suas folhas por serem felposas, pilosas e cerosas.

Parque Nacional das Emas

Parque Nacional das Emas - GO

Com 133 mil hectares, o Parque das Emas, no sudoeste de Goiás, protege a amostra representativa do bioma cerrado, bem como habitat da fauna endêmica, além de conservar diversas nascentes dos rios Jacuba e Formoso, afluentes do Parnaíba, da bacia do Paraná. O rio Araguaia tem suas primeiras nascentes nas veredas do Parque das Emas, correndo para o norte. Localizado no município de Mineiros, tem seu nome devido ao grande número de emas que ali se encontram. Um dos fenômenos que tornou o parque famoso é a existência de cupins fluorescentes que formam espetáculos no turnos. O parque possui uma diversidade paisagística muito grande e uma fauna silvestre de fácil visualização.

Diferentemente dos outros parques nacionais, sua área foi doada pelo fazendeiro Filogônio Garcia, para preservação. Por falta de demarcação e legislação eficiente, entretanto, perdeu 90% da área original para fazendeiros e posseiros, que atualmente utilizam essa área para plantio de soja, algodão, girassol, milheto e outras culturas. Foi constituído como parque nacional em 1972, com 131 mil hectares.

Atol das Rocas

Rocas é a primeira unidade de conservação marinha criada no Brasil. Sendo uma reserva biológica, a única atividade humana permitida é a pesquisa científica. O atol é um recife elíptico com área de mais de sete quilômetros quadrados.

Rocas é um sítio geomorfológico, pois é o único atol no Atlântico Sul ocidental e um dos menores do mundo. Foi descoberto em 1503 em razão do naufrágio da nau de Gonçalo Coelho. Desde que apareceu na literatura náutica, seu perfil baixo com apenas duas ilhas arenosas (coroas) e rochas aflorando do mar durante as marés altas tem sido sinônimo de perigo aos navegantes. Além de sítios geológico e paleontológico, o atol das Rocas é um santuário ecológico, pois abriga grande número de aves marinhas migratórias e residentes, que o utilizam para repouso, alimentação e acasalamento. Nas águas circunvizinhas ao atol são encontradas, em grande quantidade, espécies de peixes de utilização comercial. Moluscos e crustáceos também ocorrem em grande abundância.

Ilhas Atlânticas Brasileiras - Atol das Rocas - PE

Fernando de Noronha

Perde-se no tempo a história que marca o descobrimento de Fernando de Noronha, ainda gerando controvérsias quanto à data correta. Em função de sua posição estratégica, o arquipélago foi uma das primeiras terras localizadas no Novo Mundo, registrada em cartas náuticas em 1500 (pelo cartógrafo Juan de la Cosa) e em 1502 (pelo português Alberto Cantino). Alguns historiadores atribuem ao fidalgo cristãonovo Fernão de Noronha a descoberta da ilha (1501-1502), durante a viagem em que comandava uma expedição de desbravamento da terra que arrendara para exploração do pau-brasil. A versão mais difundida, no entanto, é a de que Américo Vespúcio descobriu o arquipélago quando participava da segunda expedição exploratória das costas brasileiras (1503-1504), comandada por Gonçalo Coelho e financiada pelo fidalgo Fernão de Noronha.

Ilhas Atlânticas Brasileiras - Atol das Rocas - PE

O arquipélago de Fernando de Noronha foi considerado o maior sistema defensivo do século, pois chegou a contar com dez fortificações em uma área de 17 quilômetros quadrados.

Considerado um paraíso ecológico, conta com inúmeras piscinas naturais que se formam na vazante e um vasto mundo submarino com diversos tipos de corais (pelo menos 15, das 18 espécies existentes, podem ser encontradas ali), peixes coloridos, lagostas, esponjas. Em terra, pássaros raros como o sebito e a cucuruta (ambos endêmicos) ou a lagartixa, também endêmica, compõem o cenário que se completa com as aves marinhas como o trinta-réis, a viuvinha, o mumbebo, a catraia. Dentre elas, uma das mais belas ocorrências: o rabo-de-junco, ave de cauda alongada e grande singularidade. Existem ainda os caranguejos, que vivem em terra a sua fase juvenil e adulta, mas desovam no mar. As maiores atrações noronhenses são os golfinhos rotatores e as tartarugas verdes, chamadas aruanãs.

A ilha de Fernando de Noronha é um cartão postal, tanto visto sobre a terra, quanto sob o mar.

Costa do Descobrimento

A área denominada Costa do Descobrimento, reserva da Mata Atlântica, foi declarada patrimônio mundial pela Unesco por causa do seu excepcional valor do ponto de vista da ciência e da preservação de ecossistema de interesse universal. A Mata Atlântica é uma das florestas tropicais mais ameaçadas do planeta. Os seus maiores fragmentos contínuos encontram-se na Costa do Descobrimento. O trecho inscrito na lista do patrimônio mundial corresponde a oito reservas naturais, localizadas no sul da Bahia e norte do Espírito Santo. A área protegida é constituída pelos parques nacionais de Monte Pascoal, do Descobrimento e do Pau-Brasil, pelas reservas biológicas do Una e do Sooretana, e por três reservas particulares. São 112 mil hectares de Mata Atlântica, nos quais estão localizadas 23 áreas de proteção ambiental, em doze municípios da Bahia e quatro do Espírito Santo. Constitui-se de duas áreas separadas, uma ao norte do Espírito Santo, entre Regência e Conceição da Barra, e outra ao sul da Bahia, entre Prado e Una, abrangendo as respectivas áreas-tampão, que têm a função de proteger as oito reservas nucleares do sítio.

Mata Atlântica - BA/ES

Nessa região, em 22 de abril de 1500, a esquadra de Cabral desembarcou pela primeira vez na costa brasileira, fato que lhe confere um caráter simbólico, pois ali foram escritas as primeiras páginas da história do Brasil.

Quanto ao relevo distinguem-se três formações distintas que ocorrem em faixas paralelas ao oceano: cadeias de montanhas arredondadas, nas quais se encontra o monte Pascoal; platôs que, ao se aproximarem do mar, formam penhascos de coloração branca ou avermelhada; e uma faixa litorânea constituída por planícies arenosas. Os principais rios da região são Jequitinhonha, Caí, Caraíva e dos Frades. Todos partem do oeste em direção ao mar. Em termos de biodiversidade, as florestas úmidas da Costa do Descobrimento são consideradas as mais ricas do planeta. Recentemente, pesquisadores identificaram cerca de 460 espécies de árvores em um hectare de floresta na Bahia, obtendo-se resultado semelhante no Espírito Santo.

Mata Atlântica - BA/ES

Na Costa do Descobrimento podem ser observadas marcas da primeira ocupação européia no Brasil. Os centros históricos, localizados na área de entorno das reservas, constituem as primeiras formações urbanas da colonização portuguesa. Além das cidades de Porto Seguro, Vale Verde, Arraial d'Ajuda, Coroa Vermelha, Caraíva, Trancoso e Santa Cruz de Cabrália, são encontrados inúmeros sítios arqueológicos históricos e pré-históricos. Das nove aldeias jesuíticas fundadas no século XVI, ainda restam quatro. As demais dizimadas pelos ataques dos índios Aimorés.

Na Costa do Descobrimento podem ser vistas marcas da primeira ocupação européia no Brasil.

Mata Atlântica - Reservas do Sudeste

Situadas entre os Estados do Paraná e de São Paulo, iniciam-se na serra da Juréia, em Iguape (São Paulo) e vão até a ilha do Mel, em Paranaguá (Paraná). São 25 reservas que totalizam 470 mil hectares, sendo a mais vasta área remanescente da Mata Atlântica. Desde as cadeias de montanhas cobertas com densas florestas até as ilhas costeiras, a região guarda os últimos vestígios da evolução biológica desse ecossistema. A paisagem é caracterizada por montanhas isoladas e rios em vales profundos. Seu relevo é acidentado, apresentando escarpas que correm paralelas à costa do Atlântico e, por isso, recebem a denominação de Serra do Mar. Compreende o complexo lagunar de Iguape-Cananéia-Paranaguá, além de uma grande extensão de praias e um arquipélago que se estende paralelo à linha de praias. Os maciços calcários que formam a região geraram alta concentração de cavernas e clusteritas, formando os mais amplos e belos tipos de grutas do mundo. Apresenta uma diversidade de madeiras maior do que aquela encontrada na Floresta Amazônica. A composição e estrutura das espécies variam com a altitude. Florestas com árvores de mais de 30 metros são comuns na região, assim como um grande número de epífitas, orquídeas terrestres e bromélias.

Vegetação Mata Atlântica - SP

A fauna é bastante diversificada, com cerca de 120 espécies de mamíferos.

No entorno da área protegida encontram-se comunidades indígenas litorâneas com seus sambaquis, os caiçaras e as roceiras. Essas comunidades convivem, há séculos, em plena harmonia com o meio ambiente, utilizando-o sem destruí-lo. Sua herança cultural estende-se além das comunidades indígenas, abrigando, nas proximidades do centro histórico de Iporanga, um quilombo africano cuja população preserva usos, costumes e língua nativa. Apresenta também mais de cinqüenta sítios arqueológicos, entre eles a primeira vila brasileira, São Vicente, fundada nessa região em 1532 por Martim Afonso de Sousa.

A Mata Atlântica representa um ecossistema rico em biodiversidade, hoje ameaçada.

Capítulo V

Bandeiras dos Estados brasileiros

REGIÃO NORTE

Acre

Símbolo de paz e esperança, a bandeira acreana foi idealizada por José Plácido de Castro, que adotou o mesmo pavilhão idealizado por D. Luís Galvez Rodrigues de Árias, chefe da Segunda Revolução Acreana contra o domínio boliviano. É composta por dois triângulos retângulos (um verde e outro amarelo), unidos pelas respectivas hipotenusas, que constituem no todo um quadrilátero paralelograma. A bandeira, contudo, foi alterada, mudando a posição dos triângulos retângulos. Ao triângulo retângulo amarelo, que forma a parte superior da flâmula, Plácido de Castro acrescentou apenas uma estrela de cor vermelha na diagonal amarela, por sugestão do coronel Rodrigo de Carvalho, considerado autor das últimas revoluções acreanas, estrela que simboliza o fanal que guiou o elevado ideal dos que lutaram pela incorporação do Acre ao território nacional.

Amapá

A bandeira representa uma simbologia que procura identificar, de maneira figurativa, o passado do povo amapaense, representado pela figura geométrica da Fortaleza de São José, motivo e origem da evolução da capital do Estado. A bandeira possui formato retangular e é confeccionada a partir das cores azul, verde, amarela e branca, constantes na Bandeira Nacional, e do negro. O campo azul simboliza a justiça e o céu amapaense. O verde representa 90% da área do Estado, de floresta nativa ainda preservada, e simboliza a esperança, o futuro, o amor, a liberdade e a abundância. O amarelo representa a união e as riquezas do subsolo, e o branco, a pureza e a paz, a vontade do Estado do Amapá de viver com segurança e em comunhão com todos os que ali residem, significando ainda que a discórdia não pode ter guarida entre o poder público e a população. O negro simboliza o respeito permanente aos que tombaram no passado, em lutas ou não, e que em vida contribuíram para o engrandecimento da região.

Amazonas

A atual bandeira do Estado do Amazonas é terciada em faixa branca, vermelha e branca, tendo a primeira, no canto superior junto à haste, um retângulo azul carregado de estrelas, na seguinte ordem: uma linha superior horizontal de oito, uma inferior de sete, dois grupos em aspas de cinco, cada qual ladeando uma estrela maior que as demais. As estrelas de menor grandeza correspondem aos 44 municípios do Estado e, no centro, a de maior grandeza representa o município de Manaus.

Pará

A autoria da bandeira é atribuída ao republicano Filadelfo Conduru. A faixa branca, considerada planetária e projetada como um espelho horizontal, representa o zodíaco e faz referência à linha do Equador e ao gigantesco rio Amazonas. A estrela pertence à constelação da Virgem e é de primeira grandeza. Chama-se Spica, e simboliza o destaque do Pará na linha equatorial, visto que, na Bandeira Nacional, o Pará encontra-se em situação privilegiada sobre a faixa "Ordem e Progresso". O vermelho representa a força do povo paraense e simboliza seu espírito de luta harmonizada e dedicada às causas da adesão do Estado à Independência e à República.

Rondônia

A bandeira de Rondônia sintetiza a própria criação do novo Estado: "é a mais nova estrela brilhando no céu da União". É retangular, com campo azul ocupando a sua metade superior, no sentido longitudinal, estando, no meio do quadrilátero, uma estrela branca de cinco pontas eqüidistantes. O campo verde ocupa a área formada pelas diagonais que partem das arestas inferiores do retângulo até as pontas inferiores da estrela e daí ao centro. São amarelos os campos dos dois polígonos iguais conseqüentes, à direita e à esquerda da estrela.

Esses elementos representam as potencialidades vegetal e mineral do Estado. Defronta uma estrada verde projetando-se para a frente, para o futuro, ao encontro do horizonte. O conjunto solo-estrada, retratado nas cores nacionais, ostenta a brasilidade de um torrão que, atingindo a plenitude, levanta-se em sua base, em forma de estrela.

Roraima

A bandeira de Roraima é de autoria de Mário Barreto. Segundo o autor, o azul representa o ar puro e o céu de Roraima; o branco simboliza a paz; o verde, a densidade de suas florestas e campos; o amarelo-ouro, as riquezas mineiras; o vermelho, a linha equatorial que corta o Estado, colocando-o, em sua maior parte, no Hemifério Norte; e a estrela representa mais um Estado no pavilhão nacional.

Tocantins

A bandeira de Tocantins traz a mensagem de uma terra "onde o sol nasce para todos"; o sol, de amarelo ouro, derrama seus raios sobre o futuro do novo Estado, colocado sobre uma barra branca, símbolo da paz, entre os campos azul (blau) e amarelo (ouro), cores que expressam respectivamente o elemento água e o rico solo tocantinense. Por seu desenho simples e despojado de filigranas, a bandeira é de fácil visualização e memorização.

REGIÃO NORDESTE

Alagoas

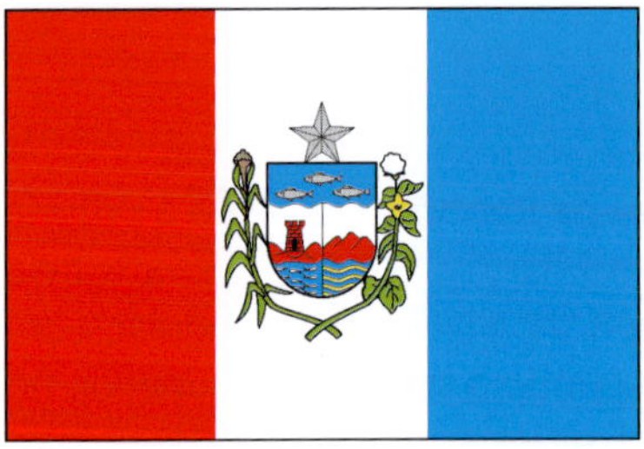

A bandeira alagoana é terciada em pala de vermelho, branco e azul, carregada no branco com armas estaduais, sem divisa ao centro.

Bahia

A bandeira baiana é constituída de quatro listas horizontais, brancas e vermelhas, alternadas, e tendo no ângulo superior e interno um quadrângulo azul que leva no centro um triângulo branco. O triângulo no quadrângulo recorda a bandeira dos conjurados mineiros. A cor branca, situada no interior do triângulo da bandeira baiana, é atribuída à influência maçônica, segundo certos estudiosos. A sua disposição em listas é atribuída à bandeira dos Estados Unidos da América do Norte.

Ceará

A bandeira cearense surgiu a partir de uma idéia do comerciante João Tibúrcio Albano. Em sua chácara, ao resolver içar a bandeira da terra, deu pela sua inexistência. Resolveu então fazer uma para uso próprio. Adaptou as armas estaduais ao pavilhão nacional, apenas retirando deste o círculo azul pontilhado de estrelas e a legenda "Ordem e Progresso". Por muito tempo a bandeira idealizada por João Tibúrcio Albano serviu de modelo a muitas outras que tremularam em dias de festa cívica no Ceará.

Só em 1922, o presidente Justiniano de Serpa assinou decreto instituindo o pavilhão cearense. No ato oficial, determinou que fosse constituído de um retângulo verde e de losango amarelo, tendo ao centro um círculo branco e, no meio deste, o escudo do Ceará.

Maranhão

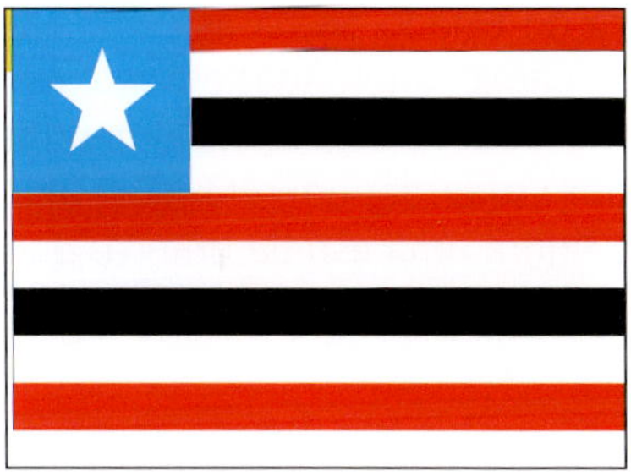

A bandeira idealizada pelo poeta maranhense Joaquim de Souza Andrade representa, com suas listras nas cores vermelha, branca e preta, as raças formadoras do povo brasileiro: o índio vermelho, o português branco e o africano negro.

A estrela branca, contida no quadrado azul do canto superior esquerdo, simboliza o Maranhão, no céu do Brasil, como Estado da Federação.

Paraíba

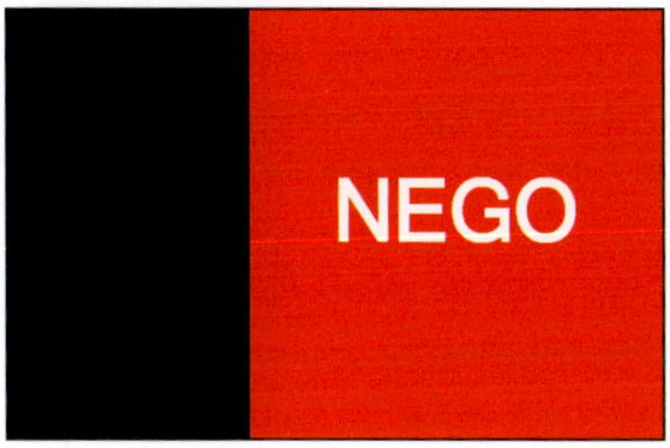

A bandeira foi inspirada na revolução que ocorreu em 1930, quando perdeu a vida o grande político paraibano João Pessoa, que, na época, era o governador da Paraíba.

Em forma retangular, apresenta a palavra NEGO em letras brancas sobre fundo vermelho e preto, em que o vermelho ocupa dois terços do espaço, ficando o preto do lado do mastro. As letras brancas são inscritas na parte vermelha. "Nego" foi a palavra da rebeldia que

João Pessoa pronunciou quando não quis aceitar a candidatura de Júlio Prestes à presidência da República, juntamente com os Estados de Minas Gerais e Rio Grande do Sul. A parte negra representa o luto pelo assassinato de João Pessoa. Já a cor vermelha possui dois sentidos: representa o sangue derramado por João Dantas, com o assassinato de João Pessoa, no Recife, e a cor de campanha de João Pessoa no Partido Liberal.

Pernambuco

A bandeira pernambucana foi idealizada pelos revolucionários de 1817 e oficializada, anos depois, pelo governador Manuel Antônio Pereira Borba.

A cor azul do retângulo ,superior simboliza a grandeza do céu pernambucano e a cor branca representa a paz. O arco-íris em três cores (verde, amarelo, vermelho) alude à união de todos os pernambucanos, e a estrela caracteriza o Estado no conjunto da Federação brasileira. O sol é a força e a energia de Pernambuco, e a cruz representa a fé na justiça e no entendimento.

Piauí

A bandeira do Estado adota as cores nacionais verde e amarelo, alternadas em sete faixas da primeira e seis da segunda, contendo, no canto superior esquerdo, um retângulo azul em cujo centro figura uma estrela branca, que simboliza o Piauí como unidade da Federação brasileira.

Rio Grande do Norte

A bandeira do Estado do Rio Grande do Norte é constituída de um retângulo dividido ao meio no sentido horizontal, sendo a parte superior de cor verde, idêntica à da Bandeira Nacional, e a parte inferior de cor branca.

Ao centro do retângulo, um campo amarelo em forma de escudo serve de fundo ao brasão do Estado, instituído pelo Decreto nº 201, de 19 de julho de 1909.

Sergipe

No fim do século XIX, o negociante e industrial sergipano José Rodrigues Bastos Coelho, necessitando de distintivo que identificasse a procedência de suas embarcações, elaborou uma bandeira para tal fim.

Formada por um retângulo com quatro listras - alternando as cores verde e amarelo -, e um retângulo azul na parte superior à esquerda, com quatro estrelas brancas de cinco raios, a marca passou a ser conhecida, nos portos freqüentados pelos navios de Bastos Coelho, como "bandeira sergipana". As cores usadas foram as nacionais, e as estrelas representavam as quatro barras do Estado. Essa bandeira, acrescentando mais uma estrela maior no centro das outras para representar o número exato das barras sergipanas, foi oficializada por lei em 1920. Em 1951, a bandeira oficial do Estado foi alterada. As cores e características foram mantidas, exceto o retângulo azul, que a partir daí continha quarenta e duas estrelas, representando o número dos municípios sergipanos na época.

No ano seguinte foi restabelecida a bandeira oficial, instituída pela Lei nº 795, de 19 de outubro de 1920.

REGIÃO CENTRO-OESTE

Goiás

A bandeira de Goiás é formada de bandas horizontais verdes e amarelas, colocadas alternadamente, quatro de cada cor, a começar por uma verde. No ângulo superior esquerdo vê-se um fundo azul em formato de quadrilongo, sobre o qual, em prata, fulge o Cruzeiro do Sul. Como na Bandeira Nacional, o verde representa as pujantes matas goianas, e o amarelo, a cor do ouro, as riquezas que, em suas entranhas, oculta o torrão. O Cruzeiro do Sul, a bela constelação que deu ao Brasil seus primitivos nomes - Vera Cruz e Santa Cruz -, figura no pavilhão goiano, representando o esplendor no céu de azul-anil.

Mato Grosso

O mais antigo dos símbolos oficiais do Estado de Mato Grosso é a sua bandeira. Foi criada 73 dias depois da Bandeira Nacional, instituída oficialmente pelo governo provisório da República em 19 de novembro de 1889. A bandeira de Mato Grosso é azul, com losango branco, tendo no centro uma esfera ou globo verde, e uma estrela amarelada cujas pontas tocam "a circunferência da esfera". O azul corresponde ao céu, representando a evolução de um princípio espiritual, acima da matéria, em busca da perfeição. Por sua vez, o losango branco lembra o culto à mulher, que no mundo moderno desempenha importante missão social, começando dentro da própria família. O branco do losango, além da pureza geralmente assim expressa, significa o zodíaco e simboliza, também, a paz e a concórdia, pelo lado político, e o otimismo e a virtude, pelo ângulo psicossocial.

A esfera verde é a estilização da soberania, lembrando sua grandeza territorial. A cor verde caracteriza a esperança e a juventude, projetando nos dias atuais a mensagem ecológica da convivência equilibrada do homem com as múltiplas manifestações da natureza, sem anular o desenvolvimento socioeconômico e garantindo a manutenção do meioambiente.

A estrela amarela é uma reverência de Mato Grosso à filosofia positivista, dominante na época da proclamação da República, e ao mesmo tempo significa a interligação da grandeza territorial do Estado com a imensidão do universo. O amarelo geralmente é citado para lembrar o ouro, uma das riquezas de Mato Grosso, mas também é o eterno reconhecimento aos indomáveis bandeirantes paulistas. O amarelo traz em si o brilho da luz, da cultura, da riqueza, do poder e da glória, consolidando a autoridade com as bases da sabedoria.

Mato Grosso do Sul

Da extremidade inferior esquerda da bandeira do Mato Grosso do Sul ergue-se, a 45 graus, uma faixa branca, que a divide em duas partes. Na parte superior da faixa a cor é verde, enquanto que, na de baixo, é azul. Em sua extremidade inferior direita está a estrela dourada de cinco pontas.

Esses elementos representam o equilíbrio, a firmeza e a serenidade. A estrela dourada que brilha no céu azul da esperança simboliza a riqueza do trabalho do povo sul-mato-grossense. Entre o verde e o azul, na convergência prática de todas as atitudes, a população do Mato Grosso do Sul está simbolizada na faixa branca do porvir, a alvura serena da amizade entre os povos.

Distrito Federal

Sobre campo branco, símbolo da paz, há um escudo quadrangular verde com quatro setas em cruz, farpadas e emplumadas de ouro. No escudo, o verde e o amarelo fazem referência aos símbolos nacionais. As setas, além de lembrar o elemento indígena, ao partirem do centro para norte-sul-leste-oeste, referem-se à rosa-dos-ventos, ação centrífuga do poder. Dispostas em cruz pela composição em quaderna, repetem essas quatro setas o permanente emblema que, no céu (o Cruzeiro do Sul), no mar (a cruz das velas descobridoras) e na terra (o lenho da primeira missa), permeiam o destino cristão.

Na linguagem heráldica, cria-se, assim, uma nova cruz: a cruz de Brasília, formada por quatro setas de vôo oposto.

REGIÃO SUDESTE

São Paulo

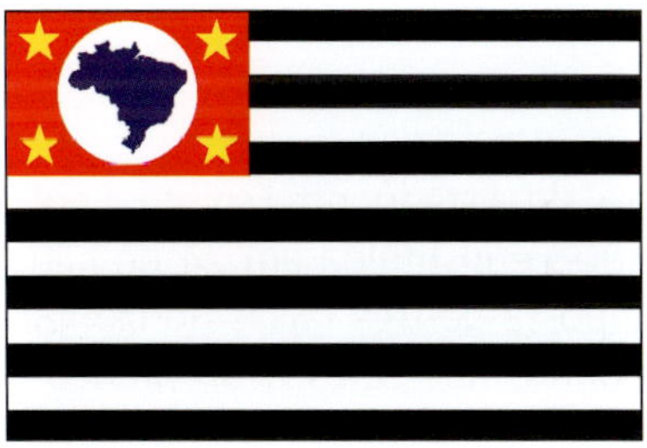

A bandeira paulista é formada por treze faixas horizontais (sete pretas e seis brancas), alternadas nas cores preta e branca. As de cor negra ficam nas faixas do alto e na última de baixo, enquadrando as faixas brancas. No canto superior esquerdo há um retângulo vermelho de aproximadamente um terço da extensão horizontal, ocupando o espaço de cinco faixas. No centro desse retângulo fica um círculo branco e, dentro dele, estampa-se o mapa do Brasil, em cor azul. Nos cantos desse retângulo estão colocadas quatro estrelas douradas.

A bandeira simboliza de modo perfeito a gênese do povo brasileiro, as três raças que o compõem - branca, preta e vermelha. As quatro estrelas que rodeiam um globo, no qual se vê o perfil geográfico do Brasil, representam o Cruzeiro do Sul, a constelação indicadora da latitude astral do País, e firmam o alvinegro pendão do Cruzeiro.

Rio de Janeiro

A bandeira do Estado do Rio de Janeiro consta de um retângulo dividido em quatro partes iguais, pelos eixos horizontais e verticais. Suas cores são azul-celeste e branca, alternadas. O retângulo superior, junto ao mastro, é branco; e o inferior, azul. Do lado oposto, o retângulo superior é azul, e o inferior, branco. Ao centro, está pousado o brasão de armas do Estado.

Minas Gerais

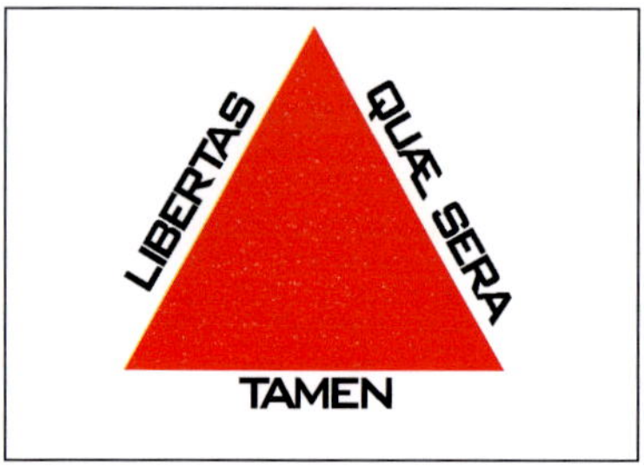

A bandeira de Minas Gerais foi elaborada de acordo com a idealização dos inconfidentes. Branca, traz ao centro um triângulo vermelho com os dizeres: "Libertas quae sera tamen", que significa "Liberdade ainda que tardia". O triângulo simboliza as três pessoas da Santíssima Trindade, e também representa os ideais da Revolução Francesa de 1789: "Liberdade, igualdade e fraternidade".

Espírito Santo

A bandeira do Estado do Espírito Santo foi criada em 1908 e instituída em 24 de julho de 1947. É composta de três faixas horizontais de mesmo tamanho, nas cores azul, branco e rosa. Essas cores representam as vestes de Nossa Senhora da Vitória, a padroeira do Estado. No centro da segunda faixa, um arco, em letras azuis, traz a legenda "Trabalha e Confia". A legenda é de autoria de Jerônimo Monteiro, e foi inspirada na doutrina de Santo Inácio de Loyola: "Trabalha como se tudo dependesse de ti. Confia como se tudo dependesse de Deus."

REGIÃO SUL

Paraná

A atual bandeira foi estabelecida pelo Decreto-lei nº 2.457, de 31 de março de 1947. Compõe-se de um quadrilátero verde, atravessado, do ângulo superior direito para o inferior esquerdo, por uma larga faixa branca contendo a representação da esfera celeste em azul e as cinco estrelas da constelação do Cruzeiro do Sul em branco. A esfera é atravessada, abaixo da estrela superior do Cruzeiro, por uma faixa branca com a inscrição "Paraná", em verde. Circundam a esfera um ramo de pinheiro à direita e outro de mate à esquerda.

Santa Catarina

Inicialmente, a bandeira de Santa Catarina era composta de faixas brancas e encarnadas, dispostas horizontalmente em número igual ao das comarcas do Estado, e de um losango de cor verde colocado no centro da bandeira, tendo impressas tantas estrelas, de cor amarela, quantos fossem os municípios catarinenses.

A bandeira, assim como as armas do Estado, foi desativada pela Constituição federal de 10 de novembro de 1937 e pelo Decreto-lei nº 1.202, de 8 de setembro de 1939, sendo revitalizada somente a partir da Lei estadual nº 275, de 29 de outubro de 1953, sancionada pelo governador Irineu Bornhausen, e foi regulamentada em 19 de fevereiro de 1954 pelo Decreto nº 605. Essa lei alterou o desenho da bandeira, que foi baseado na obra de José Artur Boiteux.

Após a alteração, a bandeira de Santa Catarina passou a ser composta de três faixas horizontais de igual largura, vermelhas nas extremidades e branca no centro; sobre as faixas, um losango verde-claro, em cujo interior figuram as armas do Estado, que representa a vegetação.

Rio Grande do Sul

A bandeira do Estado é composta por três panos: verde, vermelho e amarelo, constituindo o verde e o amarelo triângulos retângulos, e o vermelho um quadrilátero ascendente entre os dois triângulos. No centro da bandeira encontra-se o brasão do Estado.

A bandeira rio-grandense foi criada ao tempo da Revolução Farroupilha, e as três cores que a compõem remetem a um ato simbólico de fidelidade à pátria comum.

Capítulo VI
Brasões dos Estados Brasileiros

REGIÃO NORTE

Acre

O brasão de armas do Acre consta dos mesmos símbolos das Armas Nacionais, porém com duas diferenças. Substituindo as cinco estrelas da constelação do Cruzeiro do Sul, despontam estrelas vermelhas, ao alto, à direita e à esquerda da esfera em que assentam.

Circundando o resplendor está a divisa "Nec luceo pluribus impar", que quer dizer "nossa estrela não brilha menos que as demais"; e na faixa da base, abaixo da data de 15 de junho de 1962, estão as datas de 6 de agosto de 1902 e 24 de janeiro de 1903.

Amapá

As armas estaduais são compostas por um escudo laureado pelas cores azul e vermelho, que retratam o antigo uniforme da Guarda da Fortaleza. Ao topo estão a estrela branca e as arestas amarelas, simbolizando o surgimento de mais um Estado da nação. Logo abaixo vem a faixa com os dizeres "Aqui começa o Brasil". Na parte superior, nos lados esquerdo e direito, são apresentadas as formas da Fortaleza de São José de Macapá. No interior, encontra-se o mapa geográfico do Estado. No centro figura o amapazeiro, árvore que deu origem ao nome Amapá.

O brasão é guardado, ainda, pelas palmas protetoras do amapazeiro e seus frutos. Os dois segmentos de palmas são unidos por um laço branco, simbolizando a fita do Divino Espírito Santo (folclore amapaense).

Amazonas

Escudo oval, de campo delimitado por cercadura larga, interrompida na parte superior pela figura de um sol, apresenta a confluência dos rios Amazonas e Negro, sendo ainda assinalada uma pequena ilha. No ângulo dos rios, na parte superior, sobressai um barrete frígio. À direita do escudo, na margem do Amazonas, há três setas, sendo duas em aspa e uma em pala, reunidas em feixe por um arco horizontal.

Pará

O brasão de armas do Estado do Pará é composto por um escudo vermelho, cortado por faixa branca com uma estrela azul ao centro. O escudo avulta sobre outro, recortado nas extremidades de fundo róseo, sobre o qual se vê uma altiva águia guianense. No último plano, destaca-se o sol nascente. À base do escudo maior cruzam-se dois virentes ramos, um de seringueira e outro de cacaueiro, que se erguem para a direita, entrelaçando com uma fita amarela que se alonga até a parte superior do escudo, sobre o qual se lê: "Sub lege progrediamur - Estado do Pará", que significa "Sob a lei progredimos - Estado do Pará".

Rondônia

No brasão do Estado de Rondônia estão representadas as formas das muralhas do Real Forte Príncipe da Beira, desenhadas sobre uma espada. O ano de 1943, escrito em faixa azul, refere-se à data de criação do Território do Guaporé, e o de 1981, à data de criação do Estado de Rondônia. A estrada de ferro Madeira-Mamoré, importante via de ligação, está representada em um "u" feito com trilhos, cercado pelo lado direito por um ramo de cacau, e, à esquerda, por um ramo de café, importantes produtos cultivados no Estado. No centro, uma estrela branca com cauda verde e amarela, de matas e de ouro.

Roraima

O brasão de armas de Roraima foi instituído por lei, depois da realização de um concurso público, cujo vencedor foi Antônio Barbosa de Melo. Segundo o autor, os elementos que compõem esse brasão são os ramos de arroz, que envolvem todo o escudo e representam o principal produto de exportação do Estado; o arco e flecha, arma indígena colocada por trás do brasão como uma homenagem às suas tribos; o garimpeiro desenhado dentro do escudo, para homenagear as riquezas minerais; o monte Roraima, encravado na serra que originou o nome do Estado; e a garça, ave típica da região.

Tocantins

A forma elíptica foi escolhida para representar o escudo do brasão do Estado de Tocantins, e ajusta-se à figura do sol amarelo, visto apenas em uma metade despontando no horizonte simbolizando o Estado nascente, cujo futuro se ergue promissor e fecundo. A imagem em azul, elemento água, representa a confluência dos rios Araguaia e Tocantins, fonte perene de riquezas e de recursos hidroelétricos. Sob o escudo, um listel com a inscrição "Estado do Tocantins" e a data de sua criação " 19 de janeiro de 1989", em letras brancas. Em timbre, uma estrela de amarelo-ouro. Sob a divisa, em língua Tupi lê-se "CO YVY ORE RETAMA", que significa "Esta terra é nossa". Como suporte, a coroa de louros simboliza os heróis vitoriosos, em justa homenagem aos tocantinenses que transformaram um sonho em realidade.

REGIÃO NORDESTE

Alagoas

O escudo é redondo, partido por uma faixa de prata. Na primeira metade há um rochedo vermelho, surgindo do mar ondeado que sustém uma torre vermelha e faz alusão a Penedo. Na segunda, três montes vermelhos postos em faixa, surgindo de um contrachefe de oito faixas alternadas, azuis e prateadas, fazem alusão a Porto Calvo. Na parte superior, as três tainhas prateadas nadando representam o Estado Alagoas.

Bahia

Os elementos que constituem o brasão de armas do Estado da Bahia são: uma estrela timbrada simbolizando o Estado, o escudo em fundo azul com um contrachefe desenhado com textura de água, saindo do bordo direito de um saveiro mostrando a popa, com vela levantada. Na insígnia, há dois tenentes sobrepostos a um espaço azul, com o lema "Per Ardua Surgo", que significa "Pela dificuldade eu venço". O primeiro tenente, homem seminu com uma bigorna ao lado, personifica a indústria. O segundo tenente, mulher com uma bandeira da Bahia na mão esquerda, é a personificação da República.

O brasão de armas representa os valores materiais e espirituais dessa unidade da Federação, sem abandonar os fundamentos históricos da nacionalidade.

Ceará

O brasão do Estado do Ceará é composto por um campo verde dividido na sua diagonal, com um lado semeado por completo de estrelas e o outro ocupado, no seu espaço superior, por um pássaro de cor branca, em pleno vôo. Na figura ovalada do centro estão representadas a enseada do rio Mucuripe, o farol, uma jangada e uma carnaúba na praia, iluminados pelo sol nascente. Colocada acima do escudo aparece uma fortaleza erguida com pedras em estilo antigo, que representa o poderio nacional contra a invasão de aventureiros estrangeiros.

Maranhão

O escudo do Estado traz, contornado por moldura, um círculo dividido em quatro partes: as duas da direita, em verde e amarelo, representam as cores nacionais, e as duas da esquerda retratam, na parte superior, a bandeira maranhense e, na parte inferior, o emblema da instrução (um pergaminho atravessado por uma pena).

Paraíba

O escudo é formado por três ângulos na parte superior e um na parte inferior. As estrelas menores respeitam a divisão administrativa do Estado, e no alto há uma estrela maior, com cinco pontas e círculo central, há um barrete. A paisagem do interior do escudo refere-se à simplicidade do povo paraibano: o sertão (representado por homem à frente de um rebanho) e o litoral (representado pelo sol nascente).

Do lado esquerdo do brasão, tem-se uma ramagem de cana-de-açúcar e, do lado direito, uma ramagem de algodão, que representam os principais produtos agrícolas do Estado. Ambos os ramos estão presos por uma fita, na qual está escrita a data da fundação da Paraíba.

Pernambuco

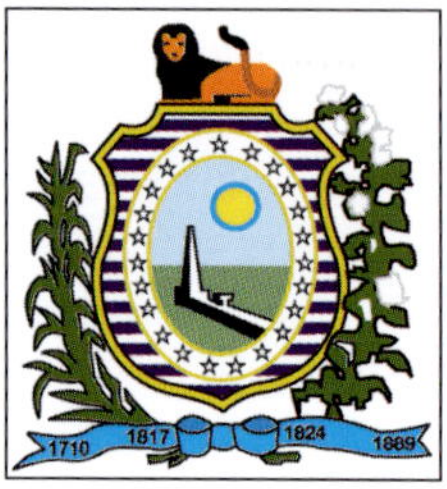

No brasão, o leão representa a bravura do povo pernambucano, e os ramos de algodão e de cana-de-açúcar simbolizam as riquezas. O sol é a luz cintilante do equador e as estrelas são os municípios. Ainda estão no brasão o mar e o farol de Olinda. Na faixa aparecem as datas históricas mais importantes do Estado: 1710 (Guerra dos Mascates), 1817 (Revolução Pernambucana), 1823 (Confederação do Equador) e 1889 (República).

Piauí

O brasão é composto por um campo cortado, metade de ouro e metade de prata. No primeiro, as três palmeiras nativas do Estado - carnaúba, buriti e babaçu - estão plantadas em terreno verde. No segundo, de fundo branco com linhas de cor azul-cobalto, sobrepõem-se, dispostas em triângulo, três tiras de prata representando os maiores rios do Piauí.

No alto do escudo, uma estrela de prata com cinco pontas simboliza a aspiração de progresso. E, na base, um par de ramos, de algodoeiro e cana-de-açúcar, representam as duas principais produções agrícolas do Estado. Ambas as figuras estão atadas por uma faixa azul, na qual está inscrito, em letras douradas, o lema que se adota para o Estado - "Impavidum ferient ruinae", que significa "As ruínas feriram o destemido".

Rio Grande do Norte

O brasão de armas do Estado do Rio Grande do Norte é um escudo de campo aberto, dividido a dois terços de altura, tendo no plano inferior o mar, onde navega uma jangada de pescadores, representando as indústrias do sal e da pesca.

No terço superior, em fundo prata, há duas flores, e ao centro, dois capulhos de algodoeiro. Ladeiam o escudo, em toda a sua altura, um coqueiro e uma carnaubeira, tendo os troncos ligados por duas canas-de-açúcar, presas por um laço com as cores nacionais. Tanto os desenhos do escudo, como os emblemas, em cores naturais, representam a flora principal do Estado. Cobre o escudo uma estrela branca, simbolizando o Rio Grande do Norte na União brasileira.

Sergipe

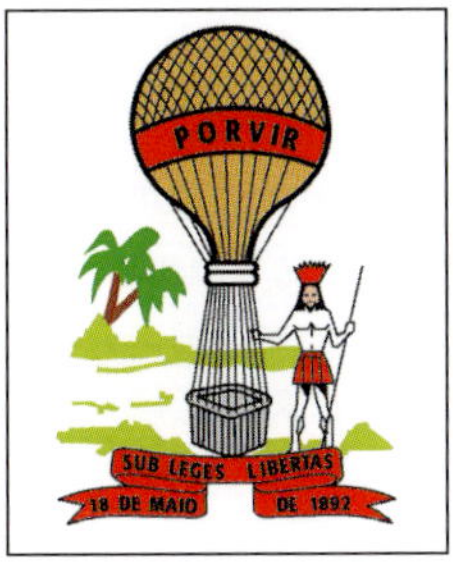

Oficializado pela Lei nº 2, de 5 de junho de 1892, o brasão é usado em documentos oficiais e papéis impressos pelo governo do Estado de Sergipe. O professor Brício Cardoso foi autor do projeto de criação da insígnia do Estado.

Entre os elementos que compõem o timbre, está a imagem de um índio abraçando a civilização. A cultura e o desenvolvimento são simbolizados pelo aerostato, uma invenção do brasileiro Bartolomeu de Gusmão.

REGIÃO CENTRO-OESTE

Mato Grosso

O brasão compõe-se de escudo com a ponta redonda, ocupada por campo verde sobre o qual há um morro de ouro com duas pontas, uma no centro do escudo e outra um pouco mais abaixo, para a esquerda. O restante é um céu azul, sobre o qual predomina a peça heráldica ultimamente consagrada no brasão da cidade de São Paulo como símbolo do bandeirante – um braço armado a empunhar bandeira com a cruz da Ordem de Cristo.

O escudo tem por timbre uma fênix de ouro sobre fogueira vermelha, e por suporte dois ramos floridos, um de seringueira e outro de erva-mate, enlaçados na base por uma fita que traz a legenda: "Virtute Plusquam Auro", que significa "Pela virtude mais do que pelo ouro".

Mato Grosso do Sul

O brasão foi instituído em 1979. O escudo é do tipo peninsular, e está dividido de forma que o terço superior ocupe o chefe e os dois terços restantes, a faixa e campanha. Em chefe, a parte mais nobre do escudo, a estrela de ouro representa a criação do novo Estado, cujo futuro se ergue promissor e fecundo. Abaixo dessa alegoria, sobre o campo sinople (verde), a figura da onça pintada representa a fauna rica e exuberante. Circundando o escudo, uma bordadura azul, carregada com estrelas, representa os municípios do Estado.

A grinalda com um ramo de café frutificado e outro de erva-mate florido, mostram as culturas mais significativas. Encimando o brasão, o meio círculo representa raios solares, limitados abaixo pela linha de horizonte. Sobre a grinalda, numa fita de pontas bipartidas, em azul, há as inscrições: "11-10-1977" e "Mato Grosso do Sul", em prata.

Goiás

O brasão é composto por um escudo em forma de coração, representando o Estado de Goiás, geograficamente o coração do Brasil. Na parte superior, encontra-se a silhueta de exemplares bovinos, principal produção do Estado e sua maior fonte de riqueza. As outras produções importantes são o café e o arroz, desenhados acima do coração; e o fumo e a cana, ladeando o escudo.

O cometa de biela, que se destaca na parte inferior vermelha, simboliza o Araguaia. A riqueza mineral do Estado é representada na parte inferior azul do coração, na qual se observa o losango.

O prato em chamas, colocado sob o coração, relembra o nome de Anhangüera, o bandeirante a quem se submetiam os índios. O coração é cingido vertical e horizontalmente por anéis que representam as três bacias e os doze principais rios do Estado, que correm para o sul.

Distrito Federal

Instituído pelo Decreto nº 11, de 12 de setembro de 1960, o brasão de armas do Distrito Federal é de autoria de Guilherme de Almeida. Adotando as cores verde, amarelo e branco - uma referência ao pavilhão nacional - o brasão idealiza a forma de uma coluna do palácio da Alvorada. Ao centro vem um escudo quadrangular, com a inscrição em latim "Venturis Ventis", que significa "Aos ventos que hão de vir".

REGIÃO SUDESTE

São Paulo

O brasão tem ao centro uma espada em posição vertical, cercada de ramos de louro e carvalho, que se cruzam em seu punho. Por cima desses ramos e circundando o emblema em forma circular, está a legenda "Pro Brasilia fiant eximia", que significa "Pelo Brasil façam-se grandes coisas". O escudo tem origem no emblema da campanha "Doe ouro para o bem de São Paulo", realizada durante a Revolução Constitucionalista de 1932.

Rio de Janeiro

O brasão é dividido em partes. A primeira, em branco e marrom, representa o céu e as serras cariocas, e a segunda, em verde, representa a baixada fluminense, tendo logo abaixo, em azul, o mar e as praias. O escudo é circundado por uma corda de ouro, simbolizando a união dos fluminenses. Uma águia com asas abertas, no centro do escudo, assenta sobre círculo em que se lêem as inscrições "9 de abril de 1892" e "Recte Rempublicam Gerere", que significa "Gerir a coisa pública com retidão". No alto, uma estrela de prata representa a capital do Estado. Nas laterais, uma haste de cana e um ramo de cafeeiro frutado simbolizam os principais produtos da terra. São unidos por uma faixa com os dizeres "Estado do Rio de Janeiro".

Minas Gerais

O brasão do Estado é ladeado por ramos de café, e as picaretas que aparecem nas armas de Minas Gerais representam as suas riquezas: a mineração e a agricultura.

Espírito Santo

Instituído em 1947, o brasão de armas do Espírito Santo é composto pelo Convento da Penha (maior patrimônio histórico-religioso do Estado), pelo principal produto agrícola capixaba a partir de 1850 (representado pelo ramo de café, à direita) e o principal produto agrícola até 1850 (ramo de cana-de-açúcar, à esquerda). As datas descritas – 23 de maio de 1535 e 12 de junho de 1817 – relembram, respectivamente, a chegada de Vasco Fernandes Coutinho ao Espírito Santo, dando início à colonização, e o dia do fuzilamento de Domingos José Martins, herói capixaba. As estrelas representam os Estados vizinhos – Bahia, Minas Gerais e Rio de Janeiro.

REGIÃO SUL

Paraná

Em fundo vermelho, o brasão tem um lavrador ceifando com foice, em prata. Ao fundo, na cor azul, três montanhas de prata, à direita, e um sol nascente de ouro, à esquerda.

Santa Catarina

As armas consistem em uma estrela branca, anteposta a uma águia de asas estendidas, que segura com uma garra uma chave e com a outra uma âncora, encruzadas. Em seu peito, há um escudo com a data de 17 de novembro, escrita horizontalmente. Um ramo de trigo ao lado esquerdo e um de café ao lado direito são ligados na parte inferior por laço com os dizeres "Estado de Santa Catarina", em letras brancas.

Rio Grande do Sul

Formado por escudo elíptico de prata, com um losango verde carregado, nos triângulos superior e inferior, de rosácea dourada e cortada de vermelho, traz inscrito quadrilátero com um sabre de ouro ostentando um barrete frígio e dois ramos, um de erva-mate e outro de fumo, entrelaçados pela haste. À esquerda e à direita do losango, há duas coxilhas verdes, encimadas por coluna iônica, rematada por uma bala esférica de canhão. Na cercadura oval, de prata, que envolve o escudo, lê-se a inscrição "República Rio-Grandense", na parte superior, e a data de "20 de setembro de 1835", na parte inferior.

ANEXOS

OS SÍMBOLOS NACIONAIS

Lei nº 5.700, de 1º de setembro de 1971,dispõe sobre a forma e a apresentação dos Símbolos Nacionais, e dá outras providências, acrescida das modificações introduzidas pela Lei nº 8.421, de 11 de maio de 1992.

CAPÍTULO I
Disposição Preliminar

Art. 1º São Símbolos Nacionais, e inalteráveis:

I. A Bandeira Nacional;

II. O Hino Nacional.

Parágrafo único - São também Símbolos Nacionais, na forma da lei que os instituiu:

I. As Armas Nacionais;

II. O Selo Nacional.

CAPÍTULO II
Da Forma dos Símbolos Nacionais

Seção I
Dos Símbolos em Geral

Art. 2º Consideram-se padrões dos Símbolos Nacionais os modelos compostos de conformidade com as especificações e regras básicas estabelecidas na presente lei.

Seção II
Da Bandeira Nacional

Art. 3º A Bandeira Nacional, adotada pelo Decreto nº 4, de 19 de novembro de 1889, com as modificações feitas da Lei nº 5.443, de 28 de maio de 1968 (Anexo nº 1), fica alterada na forma do Anexo I desta lei, devendo ser atualizada sempre que ocorrer a criação ou a extinção de Estados.

Parágrafo 1º - As constelações que figuram na Bandeira Nacional correspondem ao aspecto do céu, na cidade do Rio de Janeiro, às 20 horas e 30 minutos do dia 15 de novembro de 1889 (doze horas siderais) e devem ser consideradas como vistas por um observador situado fora da esfera celeste.

Parágrafo 2º - Os novos Estados da Federação serão representados por estrelas que compõem o aspecto celeste referido no parágrafo anterior, de modo a permitir-lhes a inclusão no círculo azul da Bandeira Nacional sem afetar a disposição estética original constante do desenho proposto pelo Decreto nº 4, de 19 de novembro de 1889.

Parágrafo 3º - Serão suprimidas da Bandeira Nacional as estrelas correspondentes aos Estados extintos, permanecendo a designada para representar o novo Estado, resultante de fusão, observado, em qualquer caso, o disposto na parte final do parágrafo anterior.

Art. 4º A Bandeira Nacional em tecido, para as repartições públicas em geral, federais, estaduais e municipais, para quartéis e escolas públicas e particulares, será executada em um dos seguintes tipos: tipo 1, com um pano de 45 centímetros de largura; tipo 2, com dois panos de largura; tipo 3, três panos de largura; tipo 4, quatro panos de largura; tipo 5, cinco panos de largura; tipo 6, seis panos de largura; tipo 7, sete panos de largura.

Parágrafo único. Os tipos enumerados neste artigo são os normais. Poderão ser fabricados tipos extraordinários de dimensões maiores, menores ou intermediárias, conforme as condições de uso, mantidas, entretanto, as devidas proporções.

Relações entre as estrelas e os Estados da Federação

Acre	Gama da Hidra Fêmea
Amapá	Beta do Cão Maior
Amazonas	Procyon (Alfa do Cão Menor)
Pará	Spica (Alfa da Virgem)
Maranhão	Beta do Escorpião
Piauí	Antares (Alfa do Escorpião)
Ceará	Epsilon do Escorpião
Rio Grande do Norte	Lambda do Escorpião
Paraíba	Capa do Escorpião
Pernambuco	Mu do Escorpião
Alagoas	Teta do Escorpião
Sergipe	Iota do Escorpião
Bahia	Gama do Cruzeiro do Sul
Espírito Santo	Epsilon do Cruzeiro do Sul
Rio de Janeiro	Beta do Cruzeiro do Sul
São Paulo	Alfa do Cruzeiro do Sul
Paraná	Gama do Triângulo Austral
Santa Catarina	Beta do Triângulo Austral
Rio Grande do Sul	Alfa do Triângulo Austral

Minas Gerais	Delta do Cruzeiro do Sul
Goiás	Canopus (Alfa de Argus)
Mato Grosso	Sirius (Alfa do Cão Maior)
Mato Grosso do Sul	Alfard (Alfa da Hidra Fêmea)
Rondônia	Gama do Cão Maior
Roraima	Delta do Cão Maior
Tocantins	Epsilon do Cão Maior
Brasília (DF)	Sigma do Oitante

Art. 5º A feitura da Bandeira Nacional obedecerá às seguintes regras (Anexo nº 2):

I. Para cálculo das dimensões, toma-se-á por base a largura desejada, dividindo-se esta em 14 (quatorze) partes iguais. Cada uma das partes será considerada uma medida ou módulo.

II. O comprimento será de vinte módulos (20M).

III. A distância dos vértices do losango amarelo ao quadro externo será de um módulo e sete décimos (1,7M).

IV. O círculo azul no meio do losango amarelo terá o raio de três módulos e meio (3,5M).

V. O centro dos arcos da faixa branca estará dois módulos (2M) à esquerda do ponto do encontro do prolongamento do diâmetro vertical do círculo com a base do quadro externo (ponto C indicado no Anexo nº 2).

VI. O raio do arco inferior da faixa branca será de oito módulos (8M); o raio do arco superior da faixa branca será de oito módulos e meio (8,5M).

VII. A largura da faixa branca será de meio módulo (0,5M).

VII. As letras da legenda Ordem e Progresso serão escritas em cor verde. Serão colocadas no meio da faixa branca, ficando, para cima e para baixo, um espaço igual em branco. A letra P ficará sobre o diâmetro vertical do círculo. A distribuição das demais letras far-se-á conforme a indicação do Anexo nº 2. As letras da palavra Ordem e da palavra Progresso terão um terço de módulo (0,33M) de altura. A largura dessas letras será de três décimos de módulo (0,30M). A largura dessa letra será de um quarto de módulo (0,25M).

IX. As estrelas serão de 5 (cinco) dimensões: de primeira, segunda, terceira, quarta e quinta grandezas. Devem ser traçadas dentro de círculos cujos diâmetros são de três décimos de módulo (0,30M) para as deprimeira grandeza; de um quarto de módulo (0,25M) para as de segunda grandeza; de um quinto de módulo (0,20M) para as de terceira grandeza; de um sétimo de módulo (0,14M) para as de quarta grandeza; e de um décimo de módulo (0,10M) para as de quinta grandeza.

X. As duas faces devem ser exatamente iguais, com a faixa branca inclinada da esquerda para a direita (do observador que olha a faixa de frente), sendo vedado fazer uma face como anverso da outra.

Seção III
Do Hino Nacional

Art. 6º O Hino Nacional é composto da música de Francisco Manuel da Silva e do poema de Joaquim Osório Duque Estrada, de acordo com o que dispõem os Decretos nº 171, de 20 de janeiro de 1890, e nº 15.671, de 6 de setembro de 1922, conforme consta dos Anexos nº 3, 4, 5, 6 e 7.

Parágrafo único. A marcha batida, de autoria do mestre de música Antão Fernandes, integrará as instrumentações de orquestra e banda, nos casos de execução do Hino Nacional, mencionados no inciso I do artigo 25 desta lei, devendo ser mantida e adotada a adaptação vocal, em fá maior, do maestro Alberto Nepomuceno.

Seção IV
Das Armas Nacionais

Art. 7º As Armas Nacionais são as instituídas pelo Decreto nº 4, de 14 de novembro de 1889 com a alteração feita pela Lei nº 5.443, de 28 de maio de 1968 (Anexo nº 8).

Art. 8º A feitura das Armas Nacionais deve obedecer à proporção de 15 (quinze) de altura por 14 (quatorze) de largura e atender às seguintes disposições:

I. O escudo redondo será constituído em campo azul-celeste, contendo cinco estrelas de prata, dispostas na forma da constelação do Cruzeiro do Sul, com a bordadura do campo perfilada de ouro, carregada de estrelas de prata em número igual ao das estrelas existentes na Bandeira Nacional.

II. O escudo ficará pousado numa estrela partida-gironada de 10 (dez) peças de sinopla e ouro, bordada de 2 (duas) tiras, a interior de goles e a exterior de ouro.

III. O todo brocante sobre uma espada, em pala, empunhada de ouro, guardas de blau, salvo a parte do centro, que é de goles e contendo uma estrela de prata, figurará sobre uma coroa formada de um ramo de café frutificado, à destra, e de outro de fumo florido, à sinistra, ambos da própria cor, atados de blau, ficando o conjunto sobre um resplendor de ouro, cujos contornos formam uma estrela de 20 (vinte) pontas.

IV. Em listel de blau, brocante sobre os punhos da espada, inscrever-se-á, em ouro, a legenda República Federativa do Brasil, no centro, e ainda as expressões "15 de novembro", na extremidade destra e as expressões "de 1899", na sinistra.

Seção V
Do Selo Nacional

Art. 9º O Selo Nacional será constituído, de conformidade com o Anexo nº 9, por um círculo representando uma esfera celeste, igual ao que se acha no centro da Bandeira Nacional, tendo em volta as palavras República Federativa do Brasil para a feitura do Selo Nacional observar-se-á o seguinte:

I. Desenham-se 2 (duas) circunferências concêntricas, havendo entre os seus raios a proporção de 3 (três) para 4 (quatro).

II. A colocação das estrelas, da faixa e da legenda Ordem e Progresso no círculo interior obedecerá às mesmas regras estabelecidas para a feitura da Bandeira Nacional.

III. As letras das palavras República Federativa do Brasil terão de altura um sexto do raio do círculo interior, e, de largura, um sétimo do mesmo raio.

CAPÍTULO III
Da Apresentação dos Símbolos Nacionais

Seção I
Da Bandeira Nacional

Art. 10. A Bandeira Nacional pode ser usada em todas as manifestações do sentimento patriótico dos brasileiros, de caráter oficial ou particular.

Art. 11. A Bandeira Nacional pode ser apresentada:

I. Hasteada em mastro ou adriças, nos edifícios públicos ou particulares, templos, campos de esporte, escritórios, salas de aula, auditórios, embarcações, ruas e praças, e em qualquer lugar em que lhe seja assegurado o devido respeito.

II. Distendida e sem mastro, conduzida por aeronaves ou balões, aplicada sobre a parede ou presa a um cabo horizontal ligando edifícios, árvores, postes ou mastros.

III. Reproduzida sobre paredes, tetos, vidraças, veículos e aeronaves.

IV. Compondo, com outras bandeiras, panóplias, escudos ou peças semelhantes.

V. Conduzida em formaturas, desfiles, ou mesmo individualmente.

VI. Distendida sobre ataúdes, até a ocasião do sepultamento.

Art. 12. A Bandeira Nacional estará permanentemente no topo de um mastro especial plantado na Praça dos Três Poderes de Brasília, no Distrito Federal, como símbolo perene da Pátria e sob a guarda do povo brasileiro.

Parágrafo 1º - A substituição dessa Bandeira será feita com solenidades especiais no primeiro domingo de cada mês, devendo o novo exemplar atingir o topo do mastro antes que o exemplar substituído comece a ser arriado.

Parágrafo 2º - Na base do mastro especial estarão inscritos exclusivamente os seguintes dizeres: "Sob a guarda do povo brasileiro, nesta Praça dos Três Poderes, a Bandeira sempre no alto - visão permanente da Pátria".

Art. 13. Hasteia-se diariamente a Bandeira Nacional

I. No Palácio da Presidência da República e na residência do Presidente da República.

II. Nos edifícios-sede dos Ministérios.

III. Nas Casas do Congresso Nacional.

IV. No Supremo Tribunal Federal, nos Tribunais Superiores e nos Tribunais Federais de Recursos.

V. Nos edifícios-sede dos Poderes Executivo, Legislativo e Judiciário dos Estados, Territórios e Distrito Federal.

VI. Nas Prefeituras e Câmaras Municipais.

VII. Nas repartições federais, estaduais e municipais situadas na faixa de fronteira.

VIII. Nas Missões Diplomáticas, Delegações junto a Organismos Internacionais e Repartições Consulares de carreira, respeitados os usos locais dos países em que tiverem sede.

IX. Nas unidades da Marinha Mercante, de acordo com as leis e regulamentos da navegação, polícia naval e praxes internacionais.

Art. 14. Hasteia-se, obrigatoriamente, a Bandeira Nacional, nos dias de festa ou de luto nacional. em todas as repartições públicas, nos estabelecimentos de ensino e sindicatos.

Parágrafo único. Nas escolas públicas ou particulares, é obrigatório o hasteamento solene da Bandeira Nacional, durante o ano letivo, pelo menos uma vez por semana.

Art. 15. A Bandeira Nacional pode ser hasteada e arriada a qualquer hora do dia ou da noite.

Parágrafo 1º - Normalmente faz-se o hasteamento às 8 horas e o arriamento às 18 horas.

Parágrafo 2º - No dia 19 de novembro, Dia da Bandeira, o hasteamento é realizado às 12 horas, com solenidades especiais.

Parágrafo 3º - Durante a noite a Bandeira deve estar devidamente iluminada.

Art. 16. Quando várias bandeiras são hasteadas ou arriadas simultaneamente, a Bandeira Nacional é a primeira a atingir o tope e a última a dele descer.

Art. 17. Quando em funeral, a Bandeira fica a meio-mastro ou a meia-adriça. Nesse caso, no hasteamento ou arriamento, deve ser levada inicialmente até o tope.

Parágrafo único. Quando conduzida em marcha. Indica-se o luto por um laço de crepe atado junto à lança.

Art. 18. Hasteia-se a Bandeira Nacional em funeral nas seguintes situações, desde que não coincidam com os dias de festa nacional:

I. Em todo o País, quando o Presidente da República decretar luto oficial.

II. Nos edifícios-sede dos poderes legislativos federais, estaduais ou municipais, quando determinado pelos respectivos presidentes por motivo de falecimento de um de seus membros.

III. No Supremo Tribunal Federal, nos Tribunais Superiores, nos Tribunais Federais de Recursos e nos Tribunais de Justiça estaduais, quando determinado pelos respectivos presidentes, pelo falecimento de um de seus ministros ou desembargadores.

IV. Nos edifícios-sede dos Governos dos Estados, Territórios, Distrito Federal e Municípios, por motivo do falecimento do governador ou prefeito, quando determinado luto oficial pela autoridade que o substituir.

V. Nas sedes de Missões Diplomáticas, segundo as normas e uso do país em que estão situadas.

Art. 19. A Bandeira Nacional, em todas as apresentações no território nacional, ocupa lugar de honra, compreendido como uma posição:

I. Central ou a mais próxima do centro e à direita deste, quando com outras bandeiras, pavilhões ou estandartes, em linha de mastros, panóplias, escudos ou peças semelhantes.

II. Destacada à frente de outras bandeiras, quando conduzida em formaturas ou desfiles.

III. À direita de tribunas, púlpitos, mesas de reunião ou de trabalho.

Parágrafo único. Considera-se direita de um dispositivo de bandeiras a direita de uma pessoa colocada junto a ele e voltada para a rua, para a platéia ou, de modo geral, para o público que observa o dispositivo.

Art. 20. A Bandeira Nacional, quando não estiver em uso, deve ser guardada em local digno.

Art. 21. Nas repartições públicas e organizações militares, quando a Bandeira é hasteada em mastro colocado no solo, sua largura não deve ser maior que 1/5 (um quinto) nem menor que 1/7 (um sétimo) da altura do respectivo mastro.

Art. 22. Quando distendida e sem mastro, coloca-se a Bandeira de modo que o lado maior fique na horizontal e a estrela isolada em cima, não podendo ser ocultada, mesmo parcialmente, por pessoas sentadas em suas imediações.

Art. 23. A Bandeira Nacional nunca se abate em continência.

Seção II
Do Hino Nacional

Art. 24. A execução do Hino Nacional obedecerá às seguintes prescrições:

I. Será sempre executado em andamento metronômico de uma semínima igual a 120 (cento e vinte).

II. É obrigatória a tonalidade de si bemol para a execução instrumental simples.

III. Far-se-á o canto sempre em uníssono.

IV. Nos casos de simples execução instrumental, tocar-se-á a música integralmente, mas sem repetição; nos casos de execução vocal, serão sempre cantadas as duas partes do poema.

V. Nas continências ao Presidente da República, para fins exclusivos do Cerimonial Militar, serão executados apenas a introdução e os acordes finais, conforme a regulamentação específica.

Art. 25. Será o Hino Nacional executado:

I. Em continência à Bandeira Nacional e ao Presidente da República, ao Congresso Nacional e ao Supremo Tribunal Federal, quando incorporados; e nos demais casos expressamente determinados pelos regulamentos de continência ou cerimônias de cortesia internacional.

II. Na ocasião do hasteamento da Bandeira Nacional previsto no parágrafo único do artigo 14.

Parágrafo 1º - A execução será instrumental ou vocal de acordo com o cerimonial previsto em cada caso.

Parágrafo 2º - É vedada a execução do Hino Nacional em continência, fora dos casos previstos no presente artigo.

Parágrafo 3º - Será facultativa a execução do Hino Nacional na abertura de sessões civis, nas cerimônias religiosas a que se associe sentido patriótico, no início ou no encerramento das transmissões diárias das emissoras de rádio e televisão, bem assim para exprimir regozijo público em ocasiões festivas.

Parágrafo 4º - Nas cerimônias em que se tenha de executar um Hino Nacional Estrangeiro, este deve, por cortesia, preceder o Hino Nacional Brasileiro.

Seção III
Das Armas Nacionais

Art. 26. É obrigatório o uso das Armas Nacionais:

I. No Palácio da Presidência da República e na residência do Presidente da República.
II. Nos edifícios-sede dos Ministérios.
III. Nas Casas do Congresso Nacional.
IV. No Supremo Tribunal Federal, nos Tribunais Superiores e nos Tribunais Federais de Recursos.
V. Nos edifícios-sede dos poderes executivo, legislativo e judiciário dos Estados, Territórios e Distrito Federal.
VI. Nas Prefeituras e Câmaras Municipais.
VII. Na frontaria dos edifícios das repartições públicas federais.
VIII. Nos quartéis das forças federais de terra, mar e ar e das Polícias Militares e Corpos de Bombeiros Militares, nos seus armamentos, bem como nas fortalezas e nos navios de guerra.
IX. Na frontaria, ou no salão principal das escolas públicas.
X. Nos papéis de expediente, nos convites e nas publicações oficiais de nível federal.

Seção IV
Do Selo Nacional

Art. 27. O Selo Nacional será usado para autenticar os atos de governo e bem assim os diplomas e certificados expedidos pelos estabelecimentos de ensino oficiais ou reconhecidos.

CAPÍTULO IV
Das Cores Nacionais

Art. 28. Consideram-se cores nacionais o verde e o amarelo.

Art. 29. As cores nacionais podem ser usadas sem quaisquer restrições, inclusive associadas a azul e branco.

CAPÍTULO V
Do Respeito Devido à Bandeira Nacional e ao Hino Nacional

Art. 30. Nas cerimônias de hasteamento ou arriamento, nas ocasiões em que a Bandeira se apresentar em marcha ou cortejo, assim como durante a execução do Hino Nacional, todos devem tomar atitude de respeito, de pé e em silêncio, os civis do sexo masculino com a cabeça descoberta e os militares em continência, segundo os regulamentos das respectivas corporações.

Parágrafo único. É vedada qualquer outra forma de saudação.

Art. 31. São consideradas manifestações de desrespeito à Bandeira Nacional, e portanto proibidas:

I. Apresentá-la em mau estado de conservação.

II. Mudar-lhe a forma, as cores, as proporções, o dístico ou acrescentar-lhe outras inscrições.

III. Usá-la como roupagem, reposteiro, pano de boca, guarnição de mesa, revestimento de tribuna, ou como cobertura de placas, retratos, painéis ou monumentos a inaugurar.

IV. Reproduzi-la em rótulos ou invólucros de produtos expostos à venda.

Art. 32. As Bandeiras em mau estado de conservação devem ser entregues a qualquer Unidade Militar, para que sejam incineradas no Dia da Bandeira, segundo o cerimonial peculiar.

Art. 33. Nenhuma bandeira de outra nação pode ser usada no País sem que esteja ao seu lado direito, de igual tamanho e em posição de realce, a Bandeira Nacional, salvo nas sedes das representações diplomáticas ou consulares.

Art. 34. É vedada a execução de quaisquer arranjos vocais do Hino Nacional, a não ser o de Alberto Nepomuceno; igualmente não será permitida a execução de arranjos artísticos instrumentais do Hino Nacional que não sejam autorizados pelo Presidente da República, ouvido o Ministério da Educação e Cultura.

CAPÍTULO VI
Das Penalidades

Art. 35. A violação de qualquer disposição da presente lei, excluídos os casos previstos no artigo 44 do Decreto-lei nº 808, de 29 de setembro de 1969, sujeita o infrator à multa de 1 (uma) a 4 (quatro) vezes o maior salário mínimo em vigor, elevada ao dobro nos casos de reincidência.

Art. 36. A autoridade policial que tomar conhecimento da infração de que trata o artigo anterior notificará o autor para apresentar defesa no prazo de 72 (setenta e duas) horas, findo o qual proferirá a sua decisão, impondo ou não a multa.

Parágrafo 1º - A autoridade policial, antes de proferida a decisão, poderá determinar a realização, dentro do prazo de 10 (dez) dias, de diligências esclarecedoras, se julgar necessário ou se à parte o requerer.

Parágrafo 2º - Imposta a multa, e uma vez homologada a sua imposição pelo juiz, que poderá proceder a uma instrução sumária, no prazo de 10 (dez) dias, far-se-á a respectiva cobrança, ou a conversão em pena de detenção, na forma da lei penal.

CAPÍTULO VII
Disposições Gerais

Art. 37. Haverá nos Quartéis-Generais das Forças Armadas, na Casa da Moeda, na Escola Nacional de Música, nas embaixadas, delegações e consulados do Brasil, nos museus históricos oficiais, nos comandos de unidades de terra, mar e ar, capitanias de portos e alfândegas, e nas prefeituras municipais, uma coleção de exemplares-padrão dos Símbolos Nacionais, a fim de servirem de modelos obrigatórios para a respectiva feitura, constituindo o instrumento de confronto para a aprovação dos exemplares destinados à apresentação, procedam ou não da iniciativa particular.

Art. 38. Os exemplares da Bandeira Nacional e das Armas Nacionais não podem ser postos à venda, nem distribuídos gratuitamente sem que tragam na tralha do primeiro e no reverso do segundo a marca e o endereço do fabricante ou editor, bem como a data de sua feitura.

Art. 39. É obrigatório o ensino do desenho e do significado da Bandeira Nacional, bem como do canto e da interpretação da letra do Hino Nacional em todos os estabelecimentos de ensino, públicos ou particulares, dos primeiro e segundo graus.

Art. 40. Ninguém poderá ser admitido no serviço público sem que demonstre conhecimento do Hino Nacional.

Art. 41. O Ministério da Educação e Cultura fará a edição oficial definitiva de todas as partituras do Hino Nacional e bem assim promoverá a gravação em discos de sua execução instrumental e vocal, bem como de sua letra declamada.

Art. 42. Incumbe ainda ao Ministério da Educação e Cultura organizar concursos entre autores nacionais para a redução das partituras de orquestras do Hino Nacional para orquestras restritas.

Art. 43. O Poder Executivo regulará os pormenores de cerimonial referentes aos Símbolos Nacionais.

Art. 44. O uso da Bandeira Nacional nas Forças Armadas obedece às normas dos respectivos regulamentos, no que não colidir com a presente Lei.

Art. 45. Esta lei entra em vigor na data de sua publicação, ficando revogadas a de nº 5.389, de 22 de fevereiro de 1968, a de nº 5.443, de 28 de maio de 1968, e demais disposições em contrário.

Bibliografia consultada

CARVALHO, José Murilo de. *Bandeira e hino: o peso da tradição.* In: - A formação das almas. São Paulo: Companhia das Letras, 1990. p. 109-128.

MEIRELLES, Gilda Fleury. *Protocolo e cerimonial: normas, ritos e pompa*. São Paulo: Ômega, 2001.

MICHALANY, Douglas. *Novo Atlas histórico, geográfico e cívico do Brasil*. 25ª ed. revista, aumentada e atualizada. São Paulo: Editora Michalany, 1997.

MICHALANY, Douglas. *Os símbolos nacionais.* São Paulo: Editora Michalany, 1978.

RIBEIRO, Clovis. *Brasões e bandeiras do Brasil.* São Paulo: São Paulo Editora, 1933.

Os símbolos nacionais: edição comemorativa do 165º ano da Independência e 98º da República. Brasília: Presidência da República, 1986.

Símbolos nacionais e bandeiras históricas do Brasil. Rio de Janeiro: Comissão Executiva Central - Sesquicentenário da Independência, 1972.

Sites

www.e.gov.br
www.itamaraty.gov.br
www.iphan.gov.br
www.unesco.org.br
www.df.gov.br
www.ipdal.com.br
www.ac.gov.br
www.amapa.gov.br
www.prodam.com.br
www.bahia.ba.gov.br
www.ceara.gov.br
www.governo.es.gov.br
www.goias.gov.br
www.maranhao.gov.br
www.mt.gov.br
www.ms.gov.br
www.mg.gov.br
www.pa.gov.br
www.paraiba.pb.gov.br
www.pr.gov.br
www.pernambuco.gov.br
www.pi.gov.br
www.governo.rj.gov.br
www.rn.gov.br
www.estado.rs.gov.br
www.rondonia.ro.gov.br
www.rr.gov.br
www.sc.gov.br
www.saopaulo.sp.gov.br
www.governo.se.gov.br
www.to.gov.br
www.aprendebrasil.com.br
www.saoluis.ma.gov.br
www.cidadeshistoricas.art.br

editoração, fotolito, impressão e acabamento
imprensaoficial
Rua da Mooca, 1921 São Paulo SP
Fones: 6099-9800 - 0800 123401
www.imprensaoficial.com.br